100 JOGOS PARA GRUPOS

Uma abordagem psicodramática para empresas, escolas e clínicas

Dados Internacionais de Catalogação na Publicação (CIP)
(Câmara Brasileira do Livro, SP, Brasil)

Yozo, Ronaldo Yudi K.
100 jogos para grupos : uma abordagem psicodramática para empresas, escolas e clínicas / Ronaldo Yudi K. Yozo. – 21. ed. – São Paulo : Ágora, 2020.

Bibliografia.
ISBN 978-85-7183-510-8

1. Moreno, Jacob Levy, 1889-1974 2. Psicodrama 3. Psicoterapia de grupo 4. Sociometria I. Título.

CDD-616.891523

95-4890

NLM-WM 430

Índices para catálogo sistemático:
1. Jogos : Psicodrama : Medicina   616.891523

Compre em lugar de fotocopiar.
Cada real que você dá por um livro recompensa seus autores
e os convida a produzir mais sobre o tema;
incentiva seus editores a encomendar, traduzir e publicar
outras obras sobre o assunto;
e paga aos livreiros por estocar e levar até você livros
para a sua informação e o seu entretenimento.
Cada real que você dá pela fotocópia não autorizada de um livro
financia o crime
e ajuda a matar a produção intelectual de seu país.

100 JOGOS PARA GRUPOS

Uma abordagem psicodramática
para empresas, escolas e clínicas

RONALDO YUDI K. YOZO

EDITORA
ÁGORA

100 JOGOS PARA GRUPOS
Uma abordagem psicodramática
para empresas, escolas e clínicas
Copyright © 1995 by Ronaldo Yugi K. Yozo
Direitos desta edição reservados por Summus Editorial

Capa: **Carlo Zufellatto / Paulo Humberto Almeida**

1ª reimpressão, 2022

Summus Editorial

Departamento editorial
Rua Itapicuru, 613 – 7º andar
05006-000 – São Paulo – SP
Fone: (11) 3872-3322
http://www.summus.com.br
e-mail: summus@summus.com.br

Atendimento ao consumidor
Summus Editorial
Fone: (11) 3865-9890

Vendas por atacado
Fone: (11) 3873-8638
e-mail: vendas@summus.com.br

Impresso no Brasil

"O criador é como o corredor para quem, no ato de correr, a parte do percurso já vencida e a que se estende à sua frente são qualitativamente uma só."

Jacob Levy Moreno

Quero expressar minha profunda gratidão àqueles que foram tão generosos com seu tempo e conhecimento:

À minha esposa e meu filho, que compartilharam as alegrias e as dores desta aventura;

À Maria Alicia Romaña, que sempre acreditou em meu trabalho e com sua sensibilidade soube imprimir coragem e determinação para que eu seguisse em frente;

À Maria Cristina Elias Salto, que com seu conhecimento e espírito de grandeza auxiliou nos momentos oportunos;

À Lúcia Tomie T. Iwassaki que, pacientemente, revisou meus escritos;

Aos meus alunos, supervisionandos e colegas que colaboraram e trocaram impressões durante este percurso e aos quais desejo que continuem "jogando" através da vida, para a construção de uma sociedade mais espontânea.

SUMÁRIO

Prefácio 9
Introdução 11

1. PSICODRAMA E JOGO DRAMÁTICO 15
   I — O que é jogo dramático 15
   II — Características do jogo dramático 19
   III — Princípios do jogo dramático 20
   IV — Recursos materiais 22

2. MATRIZ DE IDENTIDADE 25
   I — Correlação com o jogo dramático 25
   II — Classificação 28

3. O DIRETOR DE JOGOS DRAMÁTICOS E O GRUPO.. 33
   I — Desenvolvimento do papel de diretor 33
   II — Recomendações para um bom trabalho 43
   III — Diagnose e leitura de grupo 44

4. 100 JOGOS DRAMÁTICOS 49
   I — Jogos da 1ª fase 51
   II — Jogos da 2ª fase 76
   III — Jogos da 3ª fase 121

5. JOGOS NA MONTAGEM DE PROGRAMAS 155
   I — Programa adaptado à empresa/instituição 156
   II — Programa adaptado à escola 164

6. JOGOS DRAMÁTICOS APLICADOS À CLÍNICA 173

Epílogo 177
Índice e classificação de jogos dramáticos 179
Bibliografia 191

PREFÁCIO

Em 1979, quando escrevi o livro *Jogos Dramáticos*, lembro-me muito bem do motivo de sua publicação: a necessidade de transmitir a todos que trabalham com grupos humanos minha experiência profissional, estimular os colegas a se observarem em seu desempenho frente ao outro, numa atitude de crença na capacidade espontânea e criativa, bem como incentivar para que outras experiências fossem escritas com a finalidade de se formar um corpo informativo de maior consistência nesta área específica do Psicodrama.

A partir daí seguiram-se várias publicações sobre o tema e, agora, este livro do Ronaldo Yudi K. Yozo, que considero um verdadeiro manual teórico-prático. Neste livro ele classifica os jogos, relaciona-os com as fases do desenvolvimento da Matriz de Identidade da teoria de J. L. Moreno e no-los oferece para utilização na prática clínica, educacional, junto a empresas ou instituições. E quem sabe também não possamos usá-los em nossa vida, em nosso dia-a-dia, reencontrando o sonho e a poesia intrínsecos ao ato de jogar?

Recordo-me de alguns momentos vividos com a utilização de jogos dramáticos. Vou contá-los brevemente. Tive a oportunidade de dirigir um grupo de executivos, em treinamento, de uma multinacional. Entrei na sala e lá estavam eles me observando, circunspectos. Propus a todos que andássemos e logo pudemos fazê-lo em jardins, na neve, na chuva. Ríamos e nos comunicávamos. O jogo nos aproximou. Conseguiu com que adultos "engravatados" e "sérios" se divertissem.

Em outras áreas do nosso trabalho, com nossos clientes ou com grupos de um modo geral, o jogo também se insere como uma técnica extremamente eficaz, seja para propiciar um campo mais relaxado ou para maior integração grupal, permitindo, inclusive, que coisas "duras" sejam ditas sem que as pessoas se sintam feridas de modo a deixar mágoas a cicatrizar. Na área da educação temos outro campo de sua aplicabilidade. Por exemplo: que tal aprender "sendo" a borboleta que nasce do casulo e voa alcançando as árvores ou o afluente do rio que deságua no mar?

Finalmente, é com grande satisfação que lhes apresento este livro. Acompanhei o autor em cada passo da gestação de sua obra e pude com isto conhecê-los muito bem. Yozo é um profissional sério, competente, e um ser humano encantador, que se interessa em divulgar e compartilhar suas vivências criativas. Convida-nos, através de sua leitura, a deixar de lado a pesada e, às vezes, falsa seriedade adulta e percorre o caminho do lúdico, da imaginação, o mundo do vale-tudo, do riso!

Que encontro maravilhoso se produz através do jogo!

Meu caro leitor, venha participar também.

Regina Fourneaut Monteiro

INTRODUÇÃO

"A vida social reveste-se de formas suprabiológicas, que lhe conferem uma dignidade superior sob a forma de jogo, e é através deste último que a sociedade exprime sua interpretação da vida e do mundo."

Johan Huizinga[1]

Este livro surgiu do interesse e fascínio que os *Jogos Dramáticos* exerceram na construção do meu papel de Psicodramatista, desde aluno em formação até a atuação como docente desta disciplina em Cursos de Especialização em Psicodrama. A aquisição de conceitos e sua aplicabilidade sedimentou-se a partir de minhas próprias experiências no campo profissional.

Seu alicerce fundamenta-se na teoria do Psicodrama, de Jacob Levy Moreno. A minha proposta de *100 Jogos Dramáticos* dirige-se a psicodramatistas, especialmente aos formados em Psicodrama Aplicado e a profissionais que trabalham com grupos em geral: empresas, escolas e instituições. Isto não impede que não possam ser utilizados na área clínica. Para tal, devem ser adaptados às necessidades em questão.

Antes de falarmos de *Jogos Dramáticos*, seria interessante resgatarmos a origem dos *jogos*. Desde a Antiguidade o jogo exerce um grande fascínio nas pessoas e atravessa incólume em sua estrutura, durante os séculos, por produzir e/ou resgatar o *lúdico*.

A maioria dos filósofos, antropólogos e etólogos demonstra interesse pelo lúdico e define JOGOS como uma atividade que tem sua própria razão de ser e contém, em si mesmo, o seu objetivo.

Johan Huizinga[2] afirma que o jogo é anterior à cultura e mais antigo que qualquer organização social, pois *"os animais brincam*

---

1. HUIZINGA, J. *Homo Ludens: o jogo como elemento da cultura.* São Paulo, Perspectiva, 1971.
2. Idem, ibidem, p. 3.

tal como os homens", com rituais de gestos, ações, regras, competição e divertimento, ou seja, exerce uma função significante, visto que apresenta um determinado sentido. Oferece tensão e alegria. O divertimento define, em si, a essência do jogo.

Para Gregory Bateson, os jogos são o melhor veículo de comunicação entre as espécies (cão e macaco, homem e delfim), assim como entre pessoas de gerações, classes sociais ou culturas diferentes.

Gustav Bally[3] estabelece a relação: animal *versus* homem, através do jogo (denominador comum). Associa o jogo à liberdade (indivíduo tenso → sem liberdade. Há a necessidade de relaxar). O homem joga durante toda a sua vida, principalmente quando criança, pois a disponibilidade para jogar é maior. Afirma, portanto, que o jogo é o movimento da liberdade.

Observando-se nossa sociedade, constatamos que ela tem se tornado extremamente materialista e pragmática e o jogo em si torna-se o seu inimigo direto. Muitas vezes é classificado como algo que não deve ser levado a sério, já que é considerado perda de tempo, pois estaria interrompendo a meta do desenvolvimento social. Esse conceito tomou tal proporção, que o jogo e o seu caráter lúdico ficaram restritos a situações específicas como as festividades em geral. O lema "que vença o melhor" constrói, explicitamente, relações de competição e poder nem sempre saudáveis. Essa relação de competição e poder direciona para um único ponto: o vencedor, e isso nada mais é do que a obtenção do poder.

Segundo Martine Mauriras-Bousquet,[4] desde a década de 50 a sociedade demonstra um interesse crescente pelos jogos, mas o significado real do lúdico é distorcido. Afirma ainda que *"nenhum jogo instituído garante os jogos, o lúdico"*.

O excesso de responsabilidades e o ritmo estressante para cumprir os compromissos do dia-a-dia fazem com que as pessoas busquem o prazer através dos jogos. Por isso o interesse crescente pelas casas e parques de diversões, por programas de televisão, concursos, campeonatos esportivos etc., como uma forma de diminuir essa pressão. O prazer, no entanto, pode estar associado diretamente ao lúdico, dependendo da disponibilidade e abertura das pessoas.

Foram-se os tempos dos fliperamas, depois vieram as casas de videopôquer. Atualmente as casas de bingo propagam-se de vento em popa. Será esta a forma ideal de jogar? Ou melhor, os jogos deste tipo apresentam um caráter realmente lúdico?

---

3. BALLY, Gustav. *El juego como expressión de libertad*. México, Fondo de Cultura Económica, 2ª ed., 1964.

4. MAURIRAS-BOUSQUET, M. "Um oásis de felicidade." *O Correio da Unesco*, São Paulo, ano 19, 1991, nº 7, p. 5.

O questionamento não se restringe aos locais e/ou atividades que oferecem diversões, pois, na visão capitalista, o prazer envolve custos e é socialmente aceito. Portanto, não há qualquer conotação crítica ao modo como funcionam, mas sim, aos benefícios que um indivíduo pode desfrutar. A qualidade desse prazer depende da postura espontânea de cada um. Verificamos que em muitas pessoas a predisposição para o *ato de jogar* repete-se de forma mecânica e pode gerar dependência, sem promover um prazer verdadeiro. Em outras, essa predisposição garante o lúdico. Essa diferença seria a verdadeira espontaneidade que comumente encontramos nas crianças.

Quem não se lembra dos jogos e brincadeiras da infância? Reportávamo-nos tão-somente ao compromisso do prazer, ao ato de jogar espontaneamente com a pretensão única de se divertir e se alegrar. É comum observarmos que entre as crianças e os idosos a disponibilidade para brincar é muito maior.

Arminda Aberastury salienta que a criança repete situações prazerosas tantas vezes quantas forem preciso, ora alterando o que lhe é ruim, ora tolerando papéis ou situações que não lhe seriam permitidas na vida real. Afirma que *"ao brincar, a criança desloca para o exterior seus medos, angústias e problemas internos, dominando-os por meio da ação"*.[5]

O adulto adquire modelos, regras e convenções morais os quais, gradualmente, tolhem sua espontaneidade criadora, tornando-se rígido e hermeticamente fechado em seu próprio mundo materialista e consumista. Torna-se prisioneiro da rotina e de suas obrigações. É importante que se aprenda a resgatar a *ordem lúdica*.

Entende-se como *ordem lúdica* a interrupção temporária da vida real para jogar. Esta interrupção permite ao indivíduo libertar-se de suas "amarras" sociais. É um momento mágico onde o "jogar" é desprovido de censuras ou críticas.

Se acompanharmos a evolução da humanidade, perceberemos que o lúdico representa o processo de aprendizagem e descoberta do ser humano. É uma forma direta de colaborar na construção cultural de um povo, de uma sociedade. Com o JOGO aprendem-se regras, limites e obtêm-se objetivos claros, de forma voluntária e prazerosa.

Acredito que a habilidade e o conhecimento podem ser adquiridos de dois modos: "jogando", isto é, enquanto participante de jogos, sendo esta a melhor forma de aprendizagem prática e, conseqüentemente, desenvolvendo a nossa sensopercepção e comunicação, acrescido dos instrumentos necessários a uma aplicação adequada.

---

5. ABERASTURY, A. *A criança e seus jogos*. Porto Alegre, Artes Médicas, 2ª ed., 1992, p. 15.

Poderíamos comparar com o preparo de um prato. Primeiramente, é importante que se tenha e se conheça os ingredientes necessários para a sua execução, ingredientes esses, com suas características específicas, fundamentais no todo. Além disso, não podemos nos esquecer de que variam para cada prato e são essas diferenças que o caracterizam.

Seguindo nessa correlação, o Diretor de *Jogos Dramáticos* seria representado pela culinarista. É ela quem tem a possibilidade de criar pratos, de acordo com o desenvolvimento de seu papel. No início, atém-se rigidamente às receitas. Precisa conhecer os ingredientes e respeitar a sua seqüência na execução de um prato, considerar o tempo de preparo (e cada receita tem um!), o uso de instrumentos e acessórios etc. Isto será abordado nos Capítulos 1 e 2.

No entanto, tais conhecimentos só são adquiridos com a experiência, ou seja, com a prática exercida constantemente. Depende dos esforços para desenvolver, de forma espontânea e criativa, este papel. Essas características serão descritas no Capítulo 3 e, respectivamente, alguns critérios acerca da leitura e diagnose grupal; fatores que eu considero fundamentais para a condução adequada e eficaz de um grupo, a fim de permitir uma visão integrativa do desenvolvimento e importância que os *Jogos Dramáticos* oferecem.

No Capítulo 4 forneço vários jogos e a classificação de cada um, tendo por objetivo facilitar a sua compreensão. Ao final, encontra-se um índice geral de todos os jogos, divididos nas três fases da Matriz de Identidade, a fim de facilitar a consulta e o manuseio do livro. Os jogos aqui mencionados e a construção teórica são frutos de uma reflexão profunda do percurso profissional que venho seguindo no decorrer do meu trabalho.

A flexibilidade em adaptar e modificar um jogo dificulta a localização de seu *status nascendi*; por isso, a construção dos *100 Jogos Dramáticos* só foi possível pela contribuição direta ou indireta daqueles que dividiram suas experiências comigo.

Nos Capítulos 5 e 6 descrevo alguns exemplos de programas utilizados na área organizacional, escolar e clínica, evidenciando o uso de *Jogos Dramáticos*.

Ao final, apresento uma tabela geral contendo 100 *Jogos Dramáticos* e sua classificação.

1
PSICODRAMA E JOGO DRAMÁTICO

"O que é um jogo, efetivamente, senão uma atividade cuja origem primordial é o homem, cujos princípios são estabelecidos pelo próprio homem e cujas conseqüências têm de estar de acordo com os princípios estabelecidos? Desde que um homem se considere livre e queira usar sua liberdade... estabelece ele próprio o valor e as regras de seus atos e não consente em pagar a não ser de acordo com as regras que ele mesmo estabeleceu e definiu."

Jean-Paul Sartre[1]

I — O que é jogo dramático?

J. L. Moreno utilizou, ao brincar de "ser Deus" em seus quatro anos de idade, de uma base lúdica, de um *"jogo dramático"*, representando o papel central com tal desempenho que, ao ser questionado pelos colegas (anjos) por que não voava, tentou e se estatelou no chão. Essa experiência marcou e influenciou profundamente sua obra, colaborando em sua construção, desde o desenvolvimento do seu trabalho com as crianças nos jardins de Viena até o Teatro para a Espontaneidade, o Teatro Espontâneo e a Socionomia.

A partir da própria vivência em "ser Deus", Moreno notou que, nas crianças, a espontaneidade era natural, sem censuras e sem referências sociais, que comprometem o adulto.

Em seus estudos, percebeu que a maioria das pessoas era despojada de espontaneidade e criatividade, por estar cercada de valores e regras sociais (conservas culturais[2]). Por isso, assinala que *"a espontaneidade é o fator primordial para uma existência saudável e o indivíduo espontâneo amplia a sua capacidade criadora"*.[3] Ora, se constatamos que o jogo favorece o lúdico e a espontaneidade, faz-se importante resgatar esta "chama acesa" da criatividade.

---

1. SARTRE, Jean-Paul. *L'etre et le nean*. Paris, NFR, 1948.
2. Entende-se por conserva cultural o produto acabado de um esforço criativo (um livro, uma sinfonia musical etc.), fazendo parte do acervo cultural da sociedade. Envolve um processo espontâneo-criador, desde a ação inicial até a sua finalização.
3. MORENO. J. L. *Psicodrama*. São Paulo, Cultrix, 1975, p. 132.

No Psicodrama, o *Jogo Dramático* apresenta muitas definições e diversas formas de interpretações. Nos livros e escritos psicodramáticos encontramos duas direções: uma voltada ao campo terapêutico e outra, ao aplicado. Nosso propósito é ampliar a conceituação e o uso de jogos dentro deste último campo, embora encontremos muitos autores que transitam entre eles.

Regina F. Monteiro é a psicodramatista pioneira ao estabelecer, de uma forma objetiva, conceito e aplicações de jogos das mais diversas formas. Segundo ela, *"o jogo é uma atividade que propicia ao indivíduo expressar livremente as criações de seu mundo interno, realizando-as na forma de representação de um papel, pela produção mental de uma fantasia ou por uma determinada atividade corporal"*.[4]

Aldo Silva Jr. define o jogo dramático *"como um recurso adequado que se insere na brecha entre fantasia e realidade internas do indivíduo para possibilitar-se o exercício da passagem realidade/fantasia/realidade/fantasia... livre e espontaneamente"*.[5]

Júlia M. C. Motta afirma que *"o jogo é a ação da realidade suplementar, onde a unidade criativa pode estar presente"*.[6] Cita ainda que *"o jogo em si é um instrumento rico em possibilidades. A mão humana que lhe dá direção é que define a ética do seu uso. Ter conhecimento implica a responsabilidade no uso do saber"*.[7]

Rosane Avani Rodrigues considera que *"um jogo é dramático porque o prazer, a diversão, se origina fundamentalmente da representação. Ainda que o jogo possa envolver competição, acaso ou habilidade, o foco do prazer do jogo dramático não está em competir, ter sorte ou acertar"*. Afirma ainda que *"o jogo dramático, como qualquer jogo, tem o objetivo de brincar, expandir, relaxar e obter prazer"*.[8]

Gisela P. Castanho afirma que *"jogo dramático, portanto, difere de outros jogos por acontecer no contexto dramático e, além disso, por envolver os participantes emocionalmente na atividade de expressar as criações de seu mundo interno"*.[9]

Complementa, ainda, citando Gecila Sampaio ao definir que *"jogo dramático é aquele que tem dramaticidade"*. Castanho escreve

---

4. Monteiro, R. F. *Jogos dramáticos*. São Paulo, Ágora, 1994, p. 7.

5. Silva Junior, A. *Jogos para terapia, treinamento e educação*. Curitiba, Imprensa Universitária, 1982, p. 20.

6. Motta, J. M. C. *Jogos: repetição ou criação?*. São Paulo, Plexus, 1994, p. 38.

7. Idem, ibidem, p. 42.

8. Rodrigues, R. A. *O jogo dramático e o contexto lúdico*. Águas de São Pedro, IX Congresso Brasileiro de Psicodrama, 1994, pp. 3-4.

9. Castanho, G. P. *O jogo dramático na formação do psicodramatista*. Rio de Janeiro, Anais VII Congresso Brasileiro de Psicodrama, 1990, p. 313.

ainda que "*o jogo dramático não é apenas aquele que é dramatiza-do. Não consideramos uma brincadeira infantil de fadas ou de super-heróis como jogo dramático, embora seja jogo, haja dramatização e envolvimento com a fantasia. É preciso haver a dramatização e o compromisso dos jogadores em viver algo que os comove, que os arrebata, que os envolve num conflito*".[10]

Apesar da escassez de referências teóricas em literatura sobre jogos dramáticos, podemos observar uma gama muito ampla de conceitos que se diferenciam ou complementam entre si ou avaliam apenas alguns aspectos a que os jogos se propõem. É fato que tais escritos contribuem, de forma singular, à busca de uma visão mais abrangente do *jogo dramático*.

Aqui direcionamos o conceito de *jogo dramático* especificamente às áreas aplicadas da organização, instituição e escola, ou seja, àqueles que trabalham com grupos dentro de um contexto delimitado por regras e valores instituídos. Nesse sentido podemos defini-lo como uma atividade que permite avaliar e desenvolver o grau de espontaneidade e criatividade do indivíduo, através das suas características, estados de ânimo e/ou emoções na obtenção e resolução de conflitos ligados aos objetivos propostos. No jogo infantil, por exemplo, o surgimento de conflitos é facilmente transposto pela criança. Ela altera as regras, sai do jogo ou simplesmente propõe outra atividade, sem problemas, pois seu objetivo é jogar pelo prazer.

O *Jogo Dramático* está inserido na teoria do Psicodrama, diferenciando do termo *Jogos Dramáticos* utilizado no Teatro com o objetivo de desenvolver somente o papel de ator. Além disso, os conflitos emergem em detrimento dos objetivos e critérios estabelecidos pelo Diretor e estes, são trabalhados. Esta é a diferença vital, ou seja, é JOGO porque promove o lúdico, é DRAMÁTICO pela proposta em trabalhar os conflitos que surgem. Conflitos estes que, no nosso enfoque, restringem-se somente ao papel profissional e aos objetivos propostos pelo Diretor.

Se considerarmos, por exemplo, o desenvolvimento do papel de gerentes numa empresa, que tem por critérios e objetivos a liderança, poderemos encontrar indivíduos que demonstrem dificuldades de ordem pessoal. O jogo dramático, neste caso, revela-se um instrumento com muitos recursos e extremamente eficiente, podendo aflorar tais dificuldades. Compete ao Diretor trabalhar *somente o seu papel profissional*, limitando-se a avaliar e/ou denunciar tais aspectos. No Capítulo 3 discutiremos a respeito com maiores detalhes.

---

10. CASTANHO, G.P. *Op. cit.*, p. 314.

Outra característica fundamental, tanto para o Diretor como para os participantes, é a importância do conceito de *espontaneidade* proposto por Moreno, que é *"a resposta de um indivíduo ante uma situação nova e a nova resposta a uma situação velha"*,[11] pois o homem a bloqueia em função das regras e normas sociais (condicionamentos). Com isto, não há possibilidade de criar. Ele perde esta capacidade através dos modelos anteriores preestabelecidos, que são apresentados no decorrer de sua vida.

O jogo dramático leva o indivíduo a soltar-se, liberar sua espontaneidade e criatividade, ou seja, é *"um meio de desentorpecer o corpo e a mente dos condicionamentos da vida atual"*,[12] não permitindo a massificação dentro das conservas culturais.

Além disso, é preciso que esteja em campo relaxado para jogar, pois *"crescem as possibilidades de relações que permitem ao indivíduo alcançar uma solução de seus conflitos"*,[13] isto é, havendo ampliação do campo relaxado, diminui-se o ponto fixo de tensão. O indivíduo em campo tenso impede esta ampliação de respostas.

O conceito de campo relaxado e campo tenso foi introduzido por Bally. Exemplificando, podemos emitir um foco de luz sob um prisma num único sentido e obtermos um feixe direcional, ou seja, produzimos uma resposta limitada, concentrada (campo tenso). Se, no entanto, alteramos a direção deste foco, as possibilidades aumentam a cada mudança, permitindo maior amplitude de respostas e uma visão mais global desse prisma (*campo relaxado*).

Um dos objetivos, portanto, é o de criar um campo relaxado, desenvolvendo uma liberdade de ação e atuação dos indivíduos, possibilitando o resgate da sua espontaneidade criativa. Nas empresas e instituições em geral, o primeiro contato com um grupo gera campo tenso. É a expectativa do que está por vir. Em situações como essa, podemos aplicar jogos infantis adaptados, de apresentação e/ou sensibilização com o objetivo de produzir campo relaxado, pois sem isso não haverá possibilidade de obter bons resultados. O resgate do lúdico confere aos participantes uma predisposição para jogar e, conseqüentemente, a diminuição de suas resistências para o desenvolvimento do trabalho em si.

Outro fator relevante é a forma da comunicação. Estamos habituados e condicionados a verbalizar, a racionalizar nossas emoções. Com o *jogo dramático* podemos utilizar a comunicação não-verbal,

---

11. MORENO, J. L. *Psicodrama*, op. cit., p. 101.

12. BOAL, A. *200 exercícios e jogos para o ator e o não-ator com vontade de dizer algo através do teatro*. Rio de Janeiro, Civilização Brasileira, 5ª ed., 1983.

13. MONTEIRO, R. F. *Técnicas fundamentais do psicodrama*. São Paulo, Brasiliense, 1993, p. 211.

propiciando uma leitura mais precisa do indivíduo. Contrapõe-se, neste aspecto, a diferença entre sua comunicação digital e analógica, entre seu falar e agir. Watzlawick define da seguinte forma: *"A linguagem dígita é uma sintaxe lógica sumamente complexa e poderosa mas carente de adequada semântica no campo das relações, ao passo que a linguagem analógica possui a semântica mas não tem uma sintaxe adequada para a definição não-ambígua da natureza das relações"*.[14] Em outras palavras, é necessário que haja uma fusão, uma complementaridade coesa nessa díade.

Ressaltamos a seguir as características que envolvem o *Jogo Dramático* e a adaptação à teoria moreniana, uma vez que a função e a aplicação de jogos envolvem uma sistematização com instrumentos e critérios específicos.

Minha intenção é ampliar a visão sobre jogos, sem discutir ou discordar dos conceitos e aplicações já existentes.

II — Características do jogo dramático

No *Jogo Dramático* é imprescindível sabermos quais são as suas características, pois estas especificam o jogo e suas finalidades, situando e delimitando o papel do Diretor. É interessante notarmos que muitos profissionais que utilizam o jogo como ferramenta de trabalho não se preocupam em caracterizá-lo. Assim, discriminamos abaixo:

a. é uma atividade *voluntária*, ou seja, é preciso haver a aceitação dos participantes para "jogar". É uma proposta livre que pode ser interrompida, se necessário;

b. tem *regras específicas* e *absolutas*. É preciso, portanto, que os participantes concordem com as que são propostas pelo jogo. No caso de um ou mais participantes não cumprir as regras, deve-se considerar se houve a compreensão e aceitação das mesmas, pois desobedecê-las significa o fim do mesmo. Se as regras forem alteradas, o jogo também se modificará;

c. tem um *tempo* (duração) *delimitado*, que varia de acordo com o jogo ou com as necessidades do Diretor;

d. tem um *espaço*, que é o próprio contexto dramático. Este espaço pode ser ampliado ou reduzido de acordo com a proposta do jogo;

e. há o resgate da *ordem lúdica*, criando uma perfeição temporária durante o jogo, ou seja, a predisposição para o jogo faz com

---

14. WATZLAWICK, P. *et alii. Pragmática da comunicação humana.* São Paulo, Cultrix, 1981, p. 61.

que os participantes interrompam e/ou se desprendam de sua vida real;

f. tem um objetivo específico: busca a *identificação e a resolução de conflitos*, sendo esta a característica que o diferencia no *Jogo Dramático* dentro do Psicodrama.

III — Princípios do jogo dramático

A estrutura básica de procedimentos em *Jogos Dramáticos* baseia-se nos princípios do psicodrama, onde consideram-se três Contextos, cinco Instrumentos e três Etapas para a operacionalização de uma sessão psicodramática.

1. CONTEXTOS: Contexto, segundo a definição de Gonçalves, C. S. *et alii, "é o encadeamento de vivências privadas e coletivas, de sujeitos que se inter-relacionam numa contingência espaço-temporal"*.[15]

O Psicodrama tem três contextos, como segue:

a. *Contexto social*: constituído pela própria realidade social, envolvendo desde o tempo cronológico até o espaço concreto e geográfico, é o contexto que abrange as leis, normas e condutas sociais;

b. *Contexto grupal*: constituído pelo próprio grupo (Diretor, egos e participantes), leis, normas e condutas particulares, ou seja, cada grupo estrutura o seu próprio contexto grupal;

c. *Contexto dramático*: constituído pela própria realidade dramática. É o momento do jogo, do "como se". É a separação da realidade com a fantasia, do indivíduo com o papel, e configura a distinção entre o contexto grupal e dramático. Prevalecem o mundo imaginário e a fantasia, num ambiente protegido. O espaço devidamente delimitado pode ser ampliado ou reduzido. Geralmente é neste contexto que ocorrem os *insights* e a catarse de integração.[16]

2. INSTRUMENTOS: São os recursos utilizados para executar o método psicodramático e suas técnicas.[17] Os instrumentos são: Diretor, Ego-Auxiliar, Protagonista, Cenário e Auditório.

---

15. GONÇALVES, C. S.: WOLFF, J. R.; ALMEIDA, W. C. *Lições de psicodrama*. São Paulo, Ágora, 1988, p. 97.

16. *Catarse de Integração*, para Moreno, representa um novo crescimento, ou seja, um estado psíquico subjetivo, envolvendo a sensação de alívio, de relaxamento, liberdade, domínio, equilíbrio e, finalmente, a integração, através de situações reais, produzindo respostas novas de conduta e de relacionamento.

17. *Técnicas*: No Psicodrama existem três técnicas básicas: Duplo, Espelho e Inversão de Papéis. Em *Jogo Dramático* elas podem ser utilizadas. Adiante explicitamos sua correlação com a Matriz de Identidade.

a. *Diretor*: — Possui três funções específicas:
a.1 — Produtor — Seleciona os jogos a serem utilizados. Deve ter os objetivos bem estabelecidos, ou seja, o que se pretende obter com determinado jogo. Sugere modificações a fim de ampliar a visão do(s) Protagonista(s) para a obtenção de *insights*. Estabelece a ligação entre os materiais obtidos com o papel em questão. Permite que o Protagonista tenha contato (direto ou não) com o auditório.
a.2 — Diretor — Dá início ao jogo dramático. Estabelece as regras, verificando que estas sejam compreendidas e aceitas. Dirige o Ego-Auxiliar (profissional ou natural). Fornece as "senhas". Encerra o jogo. Deve estar sempre atento à dinâmica do Protagonista e do grupo, principalmente no que se refere às suas emoções e pensamentos, durante o jogo.
a.3 — Analista social — Analisa os dados levantados pelo Ego e expressa suas opiniões (processamento), complementando e ampliando esta "leitura" para todos (Ego-Auxiliar, Protagonista e auditório).

b. *Ego-auxiliar* — Entra em contato direto com o Protagonista sendo intermediário entre este e o Diretor. Também apresenta três funções:
b.1 — Ator — Representa papéis determinados pelo Diretor ou Protagonista e o mantém, dentro do aquecimento específico e do papel representado.
b.2 — Guia — Mantém o Protagonista no contexto dramático e age como facilitador de *insights*. Cumpre as consignas dadas pelo Diretor.
b.3 — Investigador social — Observa e registra dados no contexto grupal e dramático, relatando-os ao Diretor.
Nota: Apesar da importância do Ego-Auxiliar em Jogos Dramáticos, sua presença nem sempre é necessária ou possível, centralizando-se no Diretor o desdobramento deste papel.

c. *Protagonista* — É quem centraliza o jogo dramático. Constrói o contexto dramático, desenvolve o tema, desempenha papéis, expõe os sentimentos e expressa conflitos. Pode ser uma ou mais pessoas, ou, ainda, o grupo todo. Geralmente, os jogos são aplicados para o grupo.

d. *Cenário* — Onde se constrói o contexto dramático. É o campo de trabalho do Diretor. É o espaço do "como se", onde tudo é permitido, dentro das regras estabelecidas pelo jogo, e onde o Protagonista se manifesta. Este espaço pode ser ampliado ou reduzido, conforme as necessidades.

e. *Auditório* — São os participantes que ficam no contexto grupal, durante o jogo. Colaboram nos Comentários, de forma objetiva e subjetiva, podendo identificar-se e/ou compartilhar seus sentimentos com o grupo. Incluem-se os Egos e o Diretor. Na maioria dos jogos, o grupo todo entra no contexto dramático e, portanto, não existe o Auditório nesta situação.

3. Etapas: São as fases de procedimento na utilização de um *Jogo Dramático*.

N. A.: Aqui incluímos duas etapas: Processamento e Processamento Teórico, que difere da sessão de Psicodrama, somente com o intuito de oferecer uma melhor divisão metodológica da proposta.

a. *Aquecimento*: Há duas fases: aquecimento inespecífico e específico.
> 1. Aquecimento inespecífico: inicia-se com o primeiro contato do Diretor com o grupo até a escolha do Jogo Dramático e a apresentação de suas regras.
> 2. Aquecimento específico: ocorre dentro do contexto dramático, onde os participantes são preparados para a construção dos papéis. Em alguns Jogos Dramáticos, as regras podem ser caracterizadas nesta fase.

b. *Dramatização*: é o jogo dramático propriamente dito. É nesta etapa que, geralmente, o Diretor pode identificar o conflito.

c. *Comentários*: são os comentários feitos pelos participantes, após o jogo. O conflito também pode ser expresso nesta etapa.

d. *Processamento*: é a releitura da Dramatização e dos Comentários, processada pelo Ego-Auxiliar e Diretor, direcionando-os aos seus objetivos.

e. *Processamento teórico*: geralmente utilizado na Empresa e na Escola, enquanto método psicodramático, para a introdução de conceitos ou objetivos propostos.

IV — Recursos materiais

a. *Preparo da sala*

Existe um espaço considerado ideal para se trabalhar com jogos, que especificaremos a seguir. Sabemos, entretanto, que muitos profissionais têm dificuldades em adotá-lo por restrições do próprio local de trabalho:

- espaço adequado ao número de participantes;
- almofadas de vários tamanhos e formas;
- tapete que comporte confortavelmente os participantes;
- boa iluminação;
- boa ventilação;
- local sem ruídos e/ou interferências de qualquer espécie.

b. *Materiais*

Em alguns jogos, utilizam-se materiais tais como: lousa, giz, papel, canetas, lápis coloridos, sucata em geral etc. Estes devem ser preparados com antecedência, evitando, desta forma, problemas antes e/ou durante o jogo. Seria interessante se o Diretor de *Jogos Dramáticos* reunisse materiais de fácil manipulação. Exemplo: bolas de vários tamanhos, lenços de vários tamanhos e cores, pranchas de papelão, caixinhas, barbantes etc.

b.1 — Música: Utilizada de acordo com os objetivos propostos e do tipo de jogo empregado. Neste caso, salientamos que a preferência por músicas instrumentais e não conhecidas garante um melhor resultado, livre de contaminações (conserva cultural). Pode-se, ainda, utilizar músicas conhecidas com interpretações diferenciadas.

Dentre as músicas mais sugeridas estão as do estilo *"new age"*, sobressaindo-se autores como Kitaro, Zamfir, J. Pierre Posit, Suzanne Ciani. Para jogos que necessitam de música mais ritmada destacam-se: Spyro Gyra, Jean Michel Jarrè, Tomita, Vangelis.

As músicas clássicas também vêm de encontro aos nossos propósitos. Neste caso, indicamos Vivaldi, Ravel, Beethoven, Bach, Carl Off, J. Strauss, Mozart, Häendel, Tchaikovsky e Verdi, dentre outros. Autores nacionais como Cesar Camargo Mariano, Leo Gandelman e Wagner Tiso também são recomendados.

Há, ainda, tipos de músicas que exploram ritmos diferentes, infantis, efeitos especiais, sons de pássaros, água etc. Tudo dependerá do tipo e dos objetivos a que o jogo se propõe.

O Diretor, entretanto, deve "conhecer" muito bem a melodia antes de utilizá-la, controlando, desta forma, as possíveis intercorrências que possam surgir. Existem músicas, por exemplo, que alteram o ritmo durante a sua execução. Dependendo do jogo, esta mudança pode desaquecer os participantes.

O preparo de fitas é mais conveniente que o uso de discos ou CDs, pela própria facilidade de manuseio e transporte.

c. *Participantes*

A obtenção de resultados favoráveis depende de alguns aspectos:

1. *Roupas adequadas ao contexto.* Roupas leves e que permitam maior liberdade de movimento são consideradas ideais, embora nem sempre isso seja possível. Assim, compete ao Diretor a seleção adequada dos jogos a serem utilizados.

2. *Respeito aos participantes e às suas diferenças individuais.* Devemos considerar que as pessoas nem sempre estão preparadas e/ou dispostas. Alguns profissionais solicitam, por exemplo, a retirada de sapatos, objetivando-se maior liberdade de ação e contato. Porém nem sempre obtém-se este efeito, pois muitos sentem-se constrangidos, invadidos e expostos a esta situação, gerando um campo tenso e aumento de resistência ao jogo.

A utilização de *jogos que envolvem contato físico* é de extrema sutileza, já que o Diretor deve averiguar em que fase da Matriz o indivíduo e/ou o grupo se encontra (descrito posteriormente). A aplicação inconseqüente gera também o aumento de resistência, além do desrespeito aos participantes.

2
MATRIZ DE IDENTIDADE

"Um encontro de dois: olhos nos olhos, face a face.
E quando estiveres perto, arrancar-te-ei os olhos e
colocá-los-ei no lugar dos meus;
E arrancarei meus olhos
para colocá-los no lugar dos teus;
Então ver-te-ei com os teus olhos
e tu ver-me-ás com os meus."

J. L. Moreno[1]

I—Correlação com o jogo dramático

A Matriz de Identidade, segundo Moreno, *"é a placenta social da criança, o* locus *em que ela mergulha suas raízes".*[2] Na evolução da criança, a Matriz está ligada aos processos fisiológicos, psicológicos e sociais, refletindo a herança cultural na qual está inserida, que a prepara para a sociedade, ou seja, é o primeiro processo de aprendizado emocional da criança.

A criança depende desta "placenta social" onde assimila e desenvolve os papéis que desempenhará na relação com o mundo, garantindo a proteção e a direção do seu desenvolvimento.

Como citado anteriormente, na teoria moreniana destacamos três fases na Matriz de Identidade:

1ª fase: IDENTIDADE DO EU	EU-EU	Duplo
2ª fase: RECONHECIMENTO DO EU	EU-TU	Espelho
3ª fase: RECONHECIMENTO DO TU	EU-ELE	Inversão de papéis

a. Identidade do Eu (fase do DUPLO) — É o momento da indiferenciação. A mãe atua como Ego-Auxiliar da criança agindo co-

---

1. MORENO, J. L. *Psicodrama*. São Paulo, Cultrix, 1975.
2. Idem, ibidem, p. 114.

mo se fosse seu "duplo", uma vez que não há distinção entre o EU e o TU; está misturada ao mundo. Na abordagem Moreniana, investiga-se essa fase através do duplo psicodramático, ou seja, utiliza-se de um Ego-Auxiliar a fim de captar corretamente as emoções, sentimentos, ações e pensamentos do Protagonista e reproduzi-las para que este as identifique.

b. <u>Reconhecimento do Eu</u> (fase do ESPELHO) — A criança começa a se perceber enquanto indivíduo, separada dos outros (EU-TU). Tecnicamente, o Protagonista tem a possibilidade de se reconhecer quando o Ego-Auxiliar representa seu papel, ou seja, atua como um espelho.

c. <u>Reconhecimento do Tu</u> (fase da INVERSÃO DE PAPÉIS) — A criança tem capacidade de se colocar no papel de sua mãe, já que garante o reconhecimento de si mesma. Para isso, há o *role-taking* do papel (tomada, adoção) para, posteriormente, haver a inversão de papéis, concomitantemente (EU-ELE). Para Moreno, a técnica ocorre quando há a verdadeira inversão entre os papéis. Neste caso, o Ego representa o papel do Protagonista e vice-versa, propiciando o reconhecimento do outro.

Moreno[3] classifica o mundo da criança de *Primeiro Universo*, como as duas primeiras etapas da Matriz, visto não haver distinção entre fantasia e realidade. A característica mais importante é a "fome de atos", ligada somente ao tempo presente. É nessa etapa que se estruturam os papéis fisiológicos ou psicossomáticos.

Na segunda fase, onde a criança desenvolve o Reconhecimento do Eu, Moreno classifica-o de *Segundo Universo*, ou seja, onde se estabelece a "brecha entre a fantasia e a realidade". É o momento onde a criança transita entre a fantasia e a realidade, relacionando-se com o outro. Consegue diferenciar aquilo que imagina daquilo que é real. Pode jogar no "como se". Nesse momento, a criança tem a possibilidade de representar papéis sociais (ambiente real) e psicodramáticos (ambiente imaginário).

Partindo dessas conceituações, verificamos que a criança desenvolve seus papéis de acordo com suas relações e vínculos, formando, assim, sua identidade enquanto indivíduo.

Em *Jogos Dramáticos*, considera-se o mesmo processo evolutivo. O Diretor deve avaliar cada indivíduo e o seu desenvolvimento na dinâmica grupal, mesmo que o Protagonista seja invariavelmente o grupo.

A seguir, especificamos os quatro momentos básicos de cada indivíduo:

1. EU-COMIGO: É o momento em que se localiza e se identifica num grupo: quem sou, como estou, como sinto. Está ligado à primeira fase da Matriz (Identidade do Eu);

---

3. MORENO, J. L. *Psicodrama*, op. cit.

2. EU E O OUTRO: A partir do momento em que se identifica, começa a identificar o outro: quem é o outro, como me aproximo, como me sinto. Diretamente relacionado à segunda fase da Matriz (Reconhecimento do Eu);
3. EU COM O OUTRO: Nesta etapa, procura perceber o outro e principia a inversão de papéis. Relacionado ao Reconhecimento do Tu (3ª fase da Matriz): como é o outro, como ele sente, pensa e percebe em relação a mim e vice-versa.
4. EU COM TODOS: Após desenvolver a percepção de si mesmo e do outro, amplia esta percepção frente ao grupo, estabelecendo relação com todos, em busca de identidade e coesão grupal.

Se considerarmos, portanto, a teoria da Matriz de Identidade, compete ao Diretor observar em que fase o indivíduo se encontra. A aplicação de um jogo incompatível com a sua Matriz pode promover resultados desastrosos.

Respostas como não aceitação ou cumprimento das regras, não participação ou "estraga-prazeres" é freqüente, quando o Diretor tem dificuldades em estabelecer um vínculo e/ou quando propõe jogos não adequados à fase da Matriz do indivíduo e/ou do grupo. O respeito ao ritmo, tempo e espaço internos de cada um facilita a compreensão desses limites.

Lembramos que, para a aplicação de Jogos Dramáticos, deve-se considerar dois aspectos de fundamental importância: o indivíduo e o grupo.

No primeiro aspecto, qualquer jogo possibilita avaliar a dinâmica de cada participante e a sua respectiva fase da Matriz. Além disso, considera-se o desenvolvimento do papel do indivíduo.

Como citado, Moreno em sua Teoria de Papéis ressalta que um papel apresenta três fases distintas: *role-taking*, que é a adoção, a tomada de um papel; *role-playing*, que é o jogar com o papel e o *role-creating*, que é a fase final, onde o indivíduo cria sobre o papel.

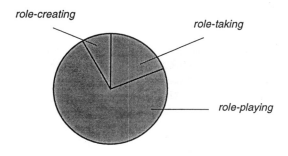

Fig.1 – Esquema das fases do desenvolvimento de um papel

Dependendo do jogo, o indivíduo no grupo tem um papel específico e, portanto, podemos verificar em que fase se encontra. Acreditamos que dentre as fases de um papel, a intermediária (*role-playing*) é a mais utilizada, em função dos próprios objetivos de um jogo. Assim, a Fig. 1, à p.27 ilustra como poderíamos caracterizar essas três fases.

Nossa proposta reside no fato de que o indivíduo, após o *role-taking* (adoção) do papel, mesmo que não o utilize por muito tempo, terá sua aquisição garantida. Entretanto, é através do *role-playing* que este poderá ser mais desenvolvido. Quanto mais tempo jogando com o papel, maior a qualidade nas respostas. Isso favorece o resgate da espontaneidade e criatividade, levando-o ao *role-creating*.

Por exemplo: uma pessoa que aprende a andar de bicicleta (*role-taking*), só poderá desenvolver sua performance se treinar bastante (*role-playing*). Com a habilidade adquirida e assegurada, pode-se tornar um exímio ciclista, criando manobras e movimentos que a diferencie das demais (*role-creating*).

O esquema gráfico do desenvolvimento de papel, entretanto, não pode ser visto de um modo rígido, estático. Varia de indivíduo para indivíduo, de acordo com suas experiências. Contudo, poderíamos pressupor que esse gráfico se inverteria, em raríssimos casos, nos quais o *role-creating* apresentaria uma expansão maior. Seria o caso dos grandes gênios da humanidade.

Moreno, partindo do Teatro Espontâneo e chegando ao Psicodrama, construiu toda uma estrutura inovadora com relação à Psicoterapia de Grupo da época, ao introduzir uma teoria nova, de ação, quando o modelo era exclusivamente verbal. Era a própria Revolução Criadora. Fundamentou-se na espontaneidade e na criatividade. Essa genialidade, sem dúvida, permitiria a construção de um gráfico diferenciado.

Aliarmos, portanto, o desenvolvimento do papel com a Matriz de Identidade nos instrumentaliza melhor para uma avaliação.

Ora, sendo assim, podemos afirmar que todo jogo é psicodiagnóstico, uma vez que não se restringe apenas à inserção do indivíduo no grupo e à qualidade de suas inter-relações, mas possibilita também avaliar suas características emocionais através de suas atitudes e condutas, haja vista que cada jogo tem critérios específicos para isso.

O segundo aspecto envolve o grupo. Como já dissemos, o Jogo Dramático, geralmente, aplica-se a todos os participantes de um grupo. Nesse caso, não apenas avaliamos cada elemento, como também a dinâmica grupal e a fase da Matriz em que o grupo se encontra.

Posteriormente (Capítulo 3), discorreremos acerca dessas observações com maiores detalhes.

II — Classificação

N. B.: A classificação de jogos proposta pelo autor tem por objetivo apenas criar uma melhor sistematização para sua compreensão. Classificação esta correlacionada à luz da Matriz de Identidade. Salientamos que os *Jogos Dramáticos* podem ser adaptados à necessidade do Diretor, sem qualquer conotação classificatória.

1. IDENTIDADE DO EU

Correlacionados à primeira fase da Matriz de Identidade (EU-EU), ou seja, são jogos de *Apresentação*, de *Aquecimento*, de *Relaxamento* e *Interiorização* e jogos de *Sensibilização*. Podemos ainda classificar os jogos em que há a interação do indivíduo com o meio (pesquisa de espaço, ambiente, aguçando suas percepções: tátil, auditiva, visual, olfativa e gustativa).

Nesta fase, os jogos têm por características o desenvolvimento da sensação e princípio de percepção. É o momento do EU-COMIGO, garantindo ao indivíduo a descoberta de si mesmo. Desta forma, restringe-se a jogos em que não há contato físico entre os participantes. Neste tipo, promove-se também um princípio de integração entre os elementos, a fim de desenvolver o reconhecimento grupal.

2. RECONHECIMENTO DO EU

A referência desta classificação abrange a segunda fase da Matriz (EU-TU). São jogos de interação com o outro, podendo ser individual ou em duplas, utilizando-se de objetos intermediários ou não.

É o momento do EU E O OUTRO, o princípio da descoberta do outro. Suas características envolvem a sensopercepção e princípio de comunicação, sendo esta última característica melhor avaliada na terceira fase.

Os jogos desta fase são classificados como: Jogos de *Percepção de Si Mesmo, Percepção do Outro/Espelho* e *Pré-Inversão*. Geralmente apresenta pouco contato físico ou nenhum, uma vez que é o momento em que o indivíduo *percebe-se* através do outro (Espelho).

3. RECONHECIMENTO DO TU

São jogos de interação direta com o outro. Inicia-se com duplas, trios, quartetos e até com o grupo todo (EU-ELE). Relacionado à terceira fase da Matriz, permite verificar até onde o indivíduo percebe o outro e quanto inverte os papéis. É o momento do EU COM O OUTRO.

São jogos que envolvem contato físico, sem serem ameaçadores, pois já existe uma predisposição e abertura do indivíduo. Além disso, pode-se construir personagens, avaliando a qualidade dramática, a espontaneidade e a criatividade na construção e desempenho de papéis.

Ainda ligados à terceira fase da Matriz, consideramos jogos que apresentam características de comunicação e integração (EU-ELE × EU-NÓS), podendo avaliar as redes sociométricas do indivíduo e do grupo. É o momento do EU COM TODOS.

Aplica-se tanto para a preparação como para a configuração da integração entre os participantes (são jogos que podem envolver um grande número de pessoas). São aqui denominados de *jogos sóciopsicodramáticos* ou *jogos grupais*, onde o Protagonista é o grupo, sem excluir o indivíduo dele.

Os tipos de jogos que fazem parte desta fase são denominados de Jogos com *Personagens* ou *Papéis*, *Inversão de Papéis* e os de *Identidade Grupal/Encontro*.

Nas tabelas que se seguem, podemos observar as fases da Matriz de Identidade e a classificação de jogos dramáticos sob dois aspectos: no sentido *vertical*, pode-se avaliar *o indivíduo* e qual a possibilidade de inter-relação com o grupo, de acordo com a fase da Matriz em que se encontra.

No sentido *horizontal*, avalia-se o grupo como um todo, ou seja, quais as características e tipos de jogos podem ser aplicados, compatíveis com a Matriz de Identidade grupal.

FASES DA MATRIZ	CLASSIFICAÇÃO	CARACTERÍSTICAS	INTER-RELAÇÃO
Primeira Fase (EU-EU)	Identidade do Eu (EU-COMIGO)	Sensação e princípio de percepção	Sem contato físico (individual)
Segunda Fase (EU-TU)	Reconhecimento do EU (EU E O OUTRO)	Sensopercepção e princípio de comunicação	Sem e/ou com pouco contato físico (individual e/ou duplas)
Terceira Fase (EU-ELE) (EU-NÓS)	Reconhecimento do Tu (EU COM O OUTRO) (EU COM TODOS)	Comunicação e Integração	Permite contato físico (em duplas, trios, quartetos até com o grupo todo)

Fig. 2 — Tabelas das Fases da Matriz de Identidade com a Classificação de Jogos Dramáticos

Correlação de Jogos Dramáticos à luz da Matriz de Identidade e Teoria de Papéis

Fases da Matriz	Classificação	Fases do Papel	Características	Inter-Relação	Tipos de Jogos
1ª Fase (EU-EU) Fase do DUPLO	IDENTIDADE DO EU (EU-COMIGO)	*Role-taking* (adotar)	Sensação, princípio de percepção e de integração	Sem contato físico (individual)	Aquecimento, Apresentação, Relaxamento/Interiorização e Sensibilização
2ª Fase (EU-TU) Fase do ESPELHO	RECONHECIMENTO DO EU (EU E O OUTRO)	*Role-playing* (jogar)	Sensopercepção e princípio de comunicação	Sem e/ou com pouco contato físico (individual e/ou duplas)	Percepção de Si Mesmo, Percepção do Outro e Pré-Inversão
3ª fase (EU-ELE) Fase da INVERSÃO (EU-NÓS)	RECONHECIMENTO DO TU (EU COM O OUTRO) (EU COM TODOS)	*Role-creating* (criar)	Comunicação e Identidade grupal	Permite contato físico (em duplas, trios, quartetos... até o grupo todo)	Jogos de Personagens/Papéis, Inversão de Papéis e Identidade Grupal/Encontro. Jogos Sócio-Psicodramáticos ou Jogos Grupais

Fig. 3 — Tabela geral de classificação de jogos dramáticos

3
O DIRETOR DE JOGOS DRAMÁTICOS E O GRUPO

*"Do ponto de vista da utilidade e da prática, não existe
diferença alguma entre a pintura original e cópias da mesma.
As palavras que o homem pronuncia e suas duplicações impressas
comunicam o mesmo conteúdo ao ouvinte. Mas a existência
de muitas cópias idênticas cria a decepcionante imagem
de haver muitos originais, ou a de que o original e as cópias
possuem o mesmo significado."*

J. L. Moreno[1]

Ao referendarmos a teoria moreniana para o papel de Diretor de *Jogos Dramáticos*, procuramos resgatar a espontaneidade e a criatividade deste papel que, geralmente, são relegadas a segundo plano.

O desenvolvimento do seu papel é de muita importância para a obtenção de bons resultados. Adiante, explicitaremos características que julgamos relevantes, através da fundamentação teórica, correlacionadas a experiências práticas.

Outro aspecto abordado refere-se à leitura e diagnose de grupo, ou seja, preparar o Diretor de *Jogos Dramáticos* para o levantamento de dados do indivíduo e do grupo, assim como a caracterização de grupos de acordo com as fases de Matriz de Identidade, que contribuem para o processamento dos Jogos.

I — Desenvolvimento do papel de diretor

Um dos fatores mais relevantes que, geralmente, não é observado, é o despreparo do Diretor na condução de grupos. É fato comum observarmos que a maioria dos profissionais se atém ao jogo de forma rígida e fixa; ou seja, aplicam-no como se fosse um teste psicológico com tabelas, padrões de normalidade e amostragens que não podem e não devem ser alterados. Alguns já sabem, inclusive,

---

1. MORENO, J. L. *Psicoterapia de grupo e psicodrama*. São Paulo, Mestre Jou, 1974, p. 234.

numa atitude classificatória e genérica, quais resultados podem obter dos participantes diante desta postura. Normalmente, atribui-se ao grupo todo o processo de culpa, incapacidade ou não-cumprimento dos objetivos esperados pelo Diretor.

É a necessidade de desenvolver "fórmulas prontas", resultados rápidos e com a crença de que esta é a melhor forma de conhecimento no papel de Diretor aliada às necessidades de uma Empresa, por exemplo. Entretanto, o que podemos perceber é a atitude onipotente e classificatória que tais profissionais têm de um grupo. E a espontaneidade e a criatividade? Como exigir resultados eficazes de participantes se o próprio Diretor está imerso em conservas culturais? O que acontece quando ocorrem variáveis fora de seu controle?

O Diretor deve, pois, desenvolver sua espontaneidade e criatividade, pelo fato de se deparar, freqüentemente, com situações difíceis ou constrangedoras e deve estar preparado, isto é, ter condições para lidar com as variáveis que possam surgir num jogo. Além disso, seu papel centraliza a atenção do grupo.

Eis aí a diferença entre um Diretor de *Jogos Dramáticos* no Psicodrama Aplicado e de um coordenador em técnicas de Dinâmica de Grupo. A postura psicodramática envolve uma relação complementar e horizontal (percepção télica) com os participantes de um grupo, sem descaracterizar-se enquanto Diretor, diferindo, assim, do modelo clássico de relação vertical, propenso a gerar dependência.

Eugênio Garrido Martín afirma que *"Moreno substituiu a dependência pela horizontalidade e a tele[2] converteu-se em vínculo integrante e colaborador da saúde psíquica"*. Destaca ainda que *"para explicar a criatividade constante do homem, Moreno cunhou o termo espontaneidade. Para explicar a relação entre os homens, Moreno cunhou o termo fator tele"*.[3] Se, por um lado, o Diretor estabelece um relacionamento mais saudável, mais humano, por outro, deve estar sempre preparado e disponível às variáveis que surgem em detrimento do grupo e/ou às próprias diferenças individuais.

Para ilustrar, relato uma experiência em Desenvolvimento de Pessoal, numa empresa de grande porte.

Certa vez, propus um jogo intitulado TIC-TAC, POF-POF com o objetivo de aquecimento do grupo.

Este jogo inicia-se com o grupo em pé e em círculo. O Diretor executa um movimento específico (por exemplo, bater palmas, ba-

---

2. *Tele* (do grego: distância, influência à distância) é *"um sentimento que é projetado à distância; a unidade mais simples de sentimento transmitida de um indivíduo a um outro"*. (*In: Psicodrama*, op. cit., p. 135)

3. MARTÍN, E. G. *Psicologia do encontro*. São Paulo, Duas Cidades, 1984, p. 253.

ter a mão direita na perna direita, levantar os braços etc.) a cada vez que se utiliza a senha: *Tic-tic-tac, tic-tac, pof-pof*. Executado o movimento, o participante à sua direita deve reproduzi-lo, ao mesmo tempo em que fica atento ao movimento seguinte do Diretor.

Todos os participantes repetem, em seqüência, o movimento executado pelo seu companheiro da esquerda e assim sucessivamente; ou seja, os movimentos são repassados como um encadeamento, ao som de: *Tic-tic-tac, tic-tac, pof-pof*, mantendo-se o ritmo e o movimento cadenciados. Todos falam a senha conjuntamente e aquele que erra, sai do jogo.

Para minha surpresa o grupo já o conhecia de um treinamento anterior. Percebi que gerou um certo desconforto, seguido de um clima tenso, onde todos se entreolhavam, sem falar, até que um deles explicou que a experiência não tinha sido agradável, pois muitos ficaram nervosos por serem excluídos do jogo, sem atingirem o seu objetivo, ou seja, concluírem os movimentos. Neste momento pensei: *"Está aí uma boa oportunidade em oferecer um jogo já conhecido, modificando a dinâmica para atingir meus objetivos e obter resultados mais favoráveis para o grupo"*.

Na realidade, este jogo tem por característica a produção de campo tenso, pois envolve atenção, percepção, coordenação motora e ritmo cadenciado, tudo ao mesmo tempo. A diversificação dos movimentos só pode ser acompanhada se o indivíduo se concentrar no seu colega à esquerda e repeti-los de acordo com o ritmo e a cadência. É o tipo de jogo em que encontramos dois tipos de respostas mais freqüentes: de um lado, aqueles que querem obter êxito, aceitar o desafio e vencer e, do outro, aqueles que esbarram em dificuldades (motoras, de percepção etc.), gerando campo tenso e aumento de resistências.

Meu objetivo residia em obter um campo relaxado de conduta, principalmente naqueles que estavam resistentes. Propus então ao grupo que experimentássemos uma nova proposta, visto que poderíamos modificar as regras. Uma delas seria a de que todos tentariam executar os movimentos e ninguém sairia do jogo. Outra modificação seria nos próprios movimentos, pois cada Diretor tem uma forma de executá-los e eu mostraria a minha. Se não gostassem, poderíamos parar. Sabia que ainda havia um clima de tensão e desconfiança e não sabia exatamente quem eram as pessoas que tiveram dificuldades anteriormente. Embora pudesse "queimar" o jogo e/ou o meu papel de Diretor, resolvi arriscar.

Ao iniciá-lo, na primeira dificuldade encontrada por um participante solicitei àquele que tivesse compreendido o jogo que trocasse de lugar com ele. Repetimos desde o início e, após a reprodução de movimentos de quatro participantes, esbarrou-se novamente em outra pessoa. Retomamos o mesmo procedimento e assim sucessivamente, até que todos obtivessem êxito.

Ao final, todos conseguiram executar os movimentos, atingindo até oito deles. Os participantes que inicialmente julgavam-se impossibilitados estavam contentes por realizar o jogo. A impressão desagradável que tinham desapareceu. O grupo achou interessante a forma diferenciada e entendeu — na prática — o que significava a adaptação de um jogo, ou seja, mudam-se as regras, muda-se o jogo. Além disso, a dinâmica de quem o dirige é de suma importância.

Esta dinâmica refere-se à postura do Diretor. Neste jogo criavam-se movimentos inusitados (por exemplo, rebolar dentro do ritmo, fazer caretas etc.) que, por si só, divertiu e descontraiu o grupo. Tanto que no início do jogo muitos tiveram dificuldades em reproduzir os movimentos, por acharem muito engraçado. Isso permitiu a produção de campo relaxado, fazendo com que não centralizassem a atenção nas regras, de forma rígida, com o objetivo de "acertar". Como dissemos anteriormente, é fundamental que o Diretor tenha uma postura espontânea e criativa, sendo ágil em seu desempenho, pois é o tipo de situação em que todos podem se deparar. Se o Diretor gerar um campo tenso em si mesmo ou se apresentar dificuldades para lidar com essas variáveis, o jogo já estará previamente contaminado.

Outra característica foi a de permitir àqueles que, inicialmente, apresentaram dificuldades a obtenção de uma visão gestáltica[4] do jogo. A repetição dos movimentos e a observação da seqüência por diversas vezes fez com que diminuíssem seu nível de tensão. Vale lembrar que, nesta experiência, nenhum participante sairia do jogo, gerando, automaticamente, um campo relaxado, pois não precisariam submeter-se à "provação" de vencer. O objetivo era de que todos relaxassem e reproduzissem os movimentos.

O Diretor, portanto, deve possuir uma capacidade lúdica, o poder de jogar como uma criança, espontaneamente. Tal atitude irá favorecer o aquecimento do grupo. Esta postura funciona como um "espelho", produzindo assim um campo relaxado entre os seus participantes.

Se retornarmos à experiência que o grupo tivera num treinamento anterior e se o objetivo era o de avaliar a percepção de cada um e da relação entre todos, a fim de promover uma integração grupal,

---

4. Entende-se por *visão gestáltica* a capacidade de o indivíduo perceber as partes que compõem o todo. *"O modo de ser de cada elemento depende da estrutura do conjunto e das leis que o regem, não podendo nenhum dos elementos preexistir ao conjunto."* (*In: Novo Dicionário da Língua Portuguesa*, Hollanda Ferreira, A. B. de).

o que poderíamos concluir? Que não há a menor possibilidade, pois muitos nem conseguiram concluir os movimentos? Se considerássemos ainda suas emoções e/ou estados de ânimo como a frustração, a raiva, a impotência, assim como o grau de tensão, poderíamos afirmar realmente que aquele grupo não teria condições de se integrar?

A experiência obtida, no entanto, fez com que se divertissem, resgatando o lúdico e promovendo uma coesão grupal, uma vez que a integração dependia de cada um, no processo de encadeamento.

Consideremos agora este jogo num processo seletivo de uma Empresa, com o objetivo de avaliar a capacidade de atenção, percepção e concentração para um determinado cargo. Neste caso, sobressairiam-se alguns candidatos, que corresponderiam ao perfil desejado. Mesmo assim, continuaríamos respeitando as diferenças individuais de cada participante e a própria postura do Diretor criaria uma imagem adequada ao seu papel.

Um fator preponderante refere-se à diferença entre *Jogo Dramático* e Técnicas de Dinâmica de Grupo. Em Dinâmica de Grupo aplicada a empresas e instituições considera-se apenas o objetivo final. Com essa postura, um Diretor pode generalizar um grupo e/ou seus participantes, classificando-os de modo superficial por meio de algumas características.

Se considerarmos, por exemplo, a capacidade de liderança nos participantes de um grupo, aqueles que possuem tais características serão valorizados. Mas, e os outros? Quem garante que não haveria profissionais qualificados e que, naquele dia de treinamento específico, estavam sem condições por problemas pessoais? Quantas aprovações de candidatos num processo seletivo resultam em frustrações e decepções, posteriormente?

Muitos profissionais que trabalham na seleção de pessoal podem construir, até inconscientemente, uma postura de onipotência aliada a poder e temor, visto que definem, em primeira instância, os candidatos que reúnem características e qualidades ao perfil desejado. Isso reflete diretamente sobre a maioria dos pretendentes a um cargo, no momento em que participam de um processo seletivo. Já entram em campo tenso pela própria situação e, com isso, sua espontaneidade é diretamente afetada. O "espelho" do Diretor funciona aqui como um reflexo distorcido de seu próprio papel.

Em processo de Seleção e Recrutamento de Pessoal, encontramos alguns modelos que envolvem entrevistas, aplicações de testes e dinâmica de grupo. Considerar apenas uma entrevista para a seleção de um candidato deixa a desejar, pois este pode "controlar ou manipular" dados a seu respeito, principalmente se o indivíduo apresentar tais características em sua personalidade. Mesmo que o entrevistador tenha um alto grau de experiência, não se pode levantar dados com fidedignidade. Por isso, muitos se instrumentalizam com as técnicas de Dinâmica de Grupo.

A forma convencional é preparada com antecedência, como se prepara uma aula, ou seja, há um planejamento e uma programação. Aplicam-se algumas brincadeiras para diminuir a tensão dos candidatos sem, necessariamente, atingir tal objetivo. Em seguida, técnicas de dinâmica de grupo são introduzidas de modo exclusivamente verbal. Distribuem-se folhas previamente datilografadas, contendo as instruções para a dinâmica e seus objetivos. De acordo com a técnica ou o número de participantes, pede-se que se dividam em subgrupos e, na maioria delas, verifica-se a capacidade de consenso individual e grupal.

No Psicodrama e, especificamente, no *Jogo Dramático*, o que modifica é a *postura*. Pode-se, inclusive, adaptar técnicas de Dinâmica de Grupo em Jogos. O verbal pode fazer parte do contexto dramático, mas o que consideramos é a capacidade de ser espontâneocriativo, respeitando-se as diferenças individuais. Mesmo que numa avaliação alguns participantes demonstrem dificuldades e que não tenham o perfil desejado, estas são consideradas. Além disso, trabalhamos com os conflitos em questão.

A formação do papel, segundo Moreno, abrange três fases: *roletaking, role-playing* e o *role-creating*, como dissemos anteriormente. Partindo dessa premissa, o Diretor deve passar por estas três fases no desenvolvimento do seu papel. Consideremos como exemplo o papel de um ator. Este deve assumir e apreender um personagem (role-taking) e ensaiar (role-playing) de tal modo, que tenha conhecimento e domínio para, finalmente, criar (role-creating) e agregar, de acordo com o seu fator *e* (espontaneidade). Portanto, quanto mais o papel do Diretor provir de fator *e*, melhor será seu desenvolvimento e desempenho.

Além disso, a confiabilidade e segurança que um grupo deposita no Diretor só é possível no momento em que se estabelece o vínculo e a relação télica.

A condução de um grupo, como pudemos observar, requer do Diretor: *"senso de oportunidade, imaginação para a escolha adequada e originalidade de impulso próprio em emergências"*,[5] frente à produção de respostas novas que possam emergir do grupo.

Poderíamos utilizar um postulado de Moreno se quiséssemos qualificar um grupo com o qual se pretende trabalhar. *"É uma aptidão*

---

5. MORENO, J. L. *Psicodrama*. São Paulo, Cultrix, p. 143.

plástica de adaptação, mobilidade e flexibilidade do eu, indispensável a um organismo em rápido crescimento num meio em rápida mudança.''[6] Compete ao Diretor estar atento a essas nuances (seja num grupo de treinamento, didático, terapêutico etc.), pois através do direcionamento adequado é que se obtêm bons resultados.

O jogo em si, quando mal aplicado, torna-se apenas *mais uma técnica*, e, por isso, é facilmente confundido com técnicas de Dinâmica de Grupo. O *jogo dramático* cria a possibilidade de ser alterado e/ou adaptado, de acordo com os objetivos esperados pelo Diretor, tornando-se um material eficaz para um psicodiagnóstico e permitindo uma visão ampla e detalhada da finalidade em questão, entre outras aplicações. Para tanto, é importante que o Diretor sempre tenha o domínio do jogo a ser aplicado.

Outro aspecto importante é perguntar se o grupo em questão conhece o jogo que será proposto, a fim de evitar possíveis contaminações. Esta atitude preserva o Diretor de situações constrangedoras, pois deve estar sempre pronto a modificar um jogo ou ter outros que possam ser substituídos e aplicados no momento. Em muitos casos, o fato de alguns participantes conhecerem um jogo não compromete a dinâmica, como exemplificaremos a seguir.

É o caso do jogo da *Mímica*, uma adaptação do Telefone sem fio. Neste, solicitamos a todos que se retirem da sala, permanecendo apenas uma pessoa. O Diretor (ou caso haja condições, um Ego-Auxiliar bem treinado) deverá fazer uma mímica e o participante deverá observar com a máxima atenção, sem verbalização. Poderá locomover-se ainda, desde que não atrapalhe. Deverá "memorizar" a mímica para passá-la ao seguinte. Ao mesmo tempo, tenta imaginar o que está sendo feito. Após a demonstração, esse participante repassa o que percebeu ao seguinte e assim por diante. O último faz a mímica para todos que permaneceram na sala.

É um jogo que se torna divertido, pois as pessoas modificam as mímicas de tal modo, que a última torna-se completamente incompreensível, comparada à primeira. O Diretor deve perguntar a cada um o que estava representando no momento. No final, refaz a mímica para que todos possam observar. Este jogo, mesmo que seja do conhecimento de alguns, pode ser aplicado desde que se altere a consigna, ou seja, o tipo de mímica a ser representada. Aqui sugerimos alguns: lavar um elefante, pintar colunas de mármore, construir um barco, lavar um caminhão etc. Tal alteração colabora para a produção de respostas novas.

---

6. Moreno, J.L. *Op. cit.*, p. 144.

Neste jogo evidencia-se o nível de percepção e comunicação dos participantes. A forma como cada um "repassa" (emissor) a mímica depende de sua assimilação (receptor) e, invariavelmente, inclui referências e características pessoais, modificando a mensagem recebida. Portanto, este jogo pode ser aplicado sem a "contaminação" daqueles que o conhecem. Também depende da criatividade do Diretor (ou Ego) na modificação e execução da mímica. Ele deve, ainda, treinar com tal perfeição, que no final possa reproduzir com fidelidade a ação inicial.

A melhor forma de aprendizagem é a experiência, ou seja, quanto mais alguém se submete a um jogo, melhor treinamento e conhecimento obterá, condição importante, principalmente, àqueles que principiam o desenvolvimento do papel de Diretor. Um outro dado significativo refere-se aos Comentários. Além da Dramatização, nesta etapa pode-se também identificar as características e os conflitos em um jogo. São os próprios relatos de cada participante que colaboram na construção e diagnose de um jogo.

Ao propor um jogo, dependendo do grupo, não costumo denominá-lo como tal. Simplesmente convido os participantes a uma atividade, pois muitos reagem com resistência e preconceitos sem fundamentação. Há jogos, entretanto, onde é importante citar o nome do mesmo, pois faz parte dos objetivos e critérios que serão avaliados.

Passo a relatar aqui a aplicação de um *jogo dramático* denominado *Guia do Cego*, em uma empresa de grande porte. Era direcionado a um grupo de gerentes, que submeteu-se a um treinamento com a duração de cinco dias e um dos objetivos era o de sensibilizá-los ao modo como tratavam seus subalternos, ou melhor, havia uma competição entre eles mesmos e uma necessidade de controle e poder sobre os subordinados. Isso acarretava problemas de percepção e comunicação, além do clima de tensão, visto que os subordinados reclamavam da postura dos gerentes aos diretores da empresa.

O *Guia do Cego* inicia-se com a introdução de cada participante na sala (um por vez), onde explica-se as regras do *jogo*, como a seguir:

"Você conhece o jogo Guia do Cego? Ele tem três regras que são muito importantes, por isso, preste atenção:

Primeira: Vou conduzi-lo(a) por este espaço (mostrar a sala) e não se preocupe, pois não vou machucá-lo(a).

Segunda: Deverá fechar os olhos e não poderá abri-los de modo algum.

Terceira: É a regra mais importante: Assim que eu começar a conduzi-lo(a), você pode fazer o que quiser; por exemplo, falar, cantar, pensar em voz alta etc.

Você compreendeu? Tem alguma dúvida?

O Diretor conduz o participante lentamente, levando-o a perceber e a sentir o ambiente (tocar as paredes, cadeiras etc.). Depois de um determinado momento, deve alterar a dinâmica, acelerando abruptamente, ou seja, alterando os passos, rodopiando ou acelerando e parando. Interrompe o jogo, verifica como está o participante e, em seguida, solicita que este o dirija, repetindo as regras, como se o Diretor não conhecesse o jogo. Mesmo com a inversão de papéis, o controle do jogo permanece com o Diretor, pois, de acordo com a 3ª regra, este pode fazer o que quiser, a partir do momento em que for conduzido, *inclusive abrir os olhos*. Repete-se o mesmo procedimento para cada participante.

Nesse grupo de treinamento, os participantes não perceberam que eu abria os olhos. Chegava a descrever a sala e a localização das pessoas, sem gerar desconfiança. À medida que cada um terminava de me conduzir, sentava-se e eu explicava o que tinha sido feito. Devia continuar a observar os outros, podendo expressar-se sem verbalização. Esta era uma forma de diminuir a tensão que o jogo produz. Normalmente, as pessoas riem e não se conformam de não ter percebido o que ocorrera.

No final, comentamos sobre a experiência. Alguns ficaram com muita raiva, outros sentiram-se impotentes pela dificuldade em conduzir o Diretor. Outros sentimentos e estados de ânimo que surgiram foram ódio, perda de controle, onipotência e frustração.

Esse grupo enriqueceu os Comentários com a produção de *insights*, que o jogo proporcionou.

A necessidade de controle sobre o outro faz com que se altere a percepção e a emoção. Alguns perceberam que o Diretor não perdeu o controle do jogo em nenhum momento e questionaram a própria postura dentro do papel profissional, ou seja, nunca tiveram a preocupação de verificar como seus subordinados se sentiam frente a eles. No jogo, verificaram que a raiva e o ódio transferidos ao Diretor eram decorrentes da própria impotência, da falta de controle da situação.

No Processamento, outros aspectos foram levantados. A conserva cultural do papel de um cego fez com que todos fechassem os olhos e agissem como tal. Na mudança de ritmo e de condução, alguns reagiram agressivamente, outros resistiram corporalmente e poucos, passivamente. Isso possibilitou mostrar o nível de relação entre eles e os subordinados, baseado nessas diferenças individuais. De forma simbólica, o jogo denunciou a importância entre o emissor e o receptor numa comunicação, assim como a dificuldade em se absorver o que é passado (regras) e como é repetido (a maioria alterou as regras).

Se considerássemos a aplicação desse *jogo dramático* num contexto terapêutico, poderíamos contar e trabalhar com o *momento* e o *conteúdo* trazido pelo grupo, aprofundando-nos nas características de ordem pessoal. No Aplicado, ao emergir conteúdos pessoais, explicamos aos participantes os objetivos e critérios preestabelecidos, trabalhando somente com o papel profissional.

O jogo propicia vários *atos terapêuticos*, sem que se torne um *processo terapêutico*. Nos dois processos é comum observarmos a facilidade com que os participantes obtêm *insights*.

Lembramos que há muitos profissionais que utilizam *jogos dramáticos* em seu papel profissional das mais diversas formas, pela sua própria amplitude de respostas. Há que se salientar, aí, a distinção entre o campo terapêutico e o não-terapêutico.

Em *processo terapêutico*, o Diretor pode aprofundar os conteúdos de ordem afetivo-emocional, explorando através do Jogo e trazendo à tona os conflitos emergentes ou não do Protagonista. A proposta do *jogo dramático* no terapêutico (psicoterapia, vivências etc.), portanto, *pode e deve* trabalhar tais materiais.

Em *processo não-terapêutico* (recrutamento, seleção, treinamento etc.) emergem conflitos e, muitas vezes, conteúdos de ordem pessoal. A proposta é específica, ou seja, têm-se critérios e objetivos previamente estabelecidos, claros e distintos. Trabalha-se, por exemplo, com características como liderança, competição, comunicação etc., na visão e no papel profissional. Não cabe aqui atingir angústias de caráter pessoal. Em algumas circunstâncias, pode-se até assinalá-los, sem, contudo, trabalhá-los. É nesse momento que o Diretor deve ter a firmeza na condução e no desempenho de seu papel, com objetivos bem definidos, sem resvalar em contexto terapêutico.

O jogo em si facilita a liberação de tensões e o vínculo na relação grupal, mas o Diretor não pode se esquecer de respeitar os limites e necessidades de cada indivíduo e do grupo. Ultrapassá-los, de forma inconseqüente, significa aumento de resistências e não-produtividade.

Na tríade diretor-jogo dramático-grupo estabelece-se uma relação complementar o tempo todo.

Outro aspecto relevante é que a sociedade criou conceitos (*conservas culturais*) que refletem no ser humano e muitas vezes não são questionados ou repensados. Por exemplo, o que poderíamos efetivamente classificar de normal ou anormal? Ou, ainda, o que é certo ou errado? As pessoas, no entanto, vivem sob tais parâmetros com uma certa rigidez.

Nos *jogos dramáticos* não existe esse tipo de classificação. Embora o jogo possua suas características próprias, ou seja, suas conservas, salientamos que estas são fundamentais como um ponto de referência, e não como modelo fixo de resposta. O Diretor, nesse caso, deve precaver-se pela sua postura, não fazendo "classificações" neste sentido, do grupo a que atende. O que consideramos é a adequação de respostas dentro do contexto (espontaneidade).

II — Recomendações para um bom trabalho

a. *Diretor e Ego-Auxiliar*

Examinando as funções de cada um, deve-se considerar que o bom preparo desses papéis é de fundamental importância. Em muitos casos, o Diretor atua sem a presença do Ego, mas, se necessário, deve-se então desenvolver e aprimorar a unidade funcional.[7]

1. Unidade funcional coesa: As funções de ambos, tanto do Diretor como do Ego-Auxiliar, devem estar bem definidas, de forma a estabelecer uma relação complementar saudável sem competições ou rivalidades frente ao grupo. Outra característica relevante refere-se à *postura psicodramática*, ou seja, deve-se estabelecer uma relação horizontal e complementar em relação à própria unidade e ao grupo, postura esta que propicie a formação de vínculo com o grupo em questão, a fim de obter um relacionamento saudável, espontâneo.

2. Conhecimento teórico-prático: Deve-se conhecer e dominar a teoria psicodramática. Para isso, recomendamos ao profissional interessado no Psicodrama o aprofundamento através de leituras e afins, para a validação de seu trabalho prático. No aspecto prático, podemos afirmar que só se aprende jogos de duas formas: enquanto participante e, posteriormente, como Diretor. Além disso, é importante que se desenvolva a aprendizagem em leitura e diagnose grupal (descrito posteriormente).

b. *Participantes*

1. Contrato: A existência de objetivos e regras específicas determinam um contrato verbal com os participantes, definindo-se o contexto, o espaço e a duração. Ainda deve haver a aceitação e o compromisso por parte dos mesmos. Outro aspecto importante refere-se

---

7. *Unidade Funcional* representa a fusão das partes envolvidas, formando um todo, ou seja, uma única unidade, destinada a um mesmo propósito.

ao sigilo do trabalho proposto, isto é, os participantes devem estar seguros de que os conteúdos liberados no contexto grupal e dramático são devidamente respeitados e sigilosos.

O Diretor não deve permitir a interferência de qualquer espécie, principalmente a entrada de outras pessoas. Isso mobilizaria o grupo a aumentar suas defesas, além da quebra do sigilo.

III — Diagnose e leitura de grupo

Ao falarmos de diagnose e leitura de grupo, referendamo-nos novamente à teoria. Notamos que muitos profissionais que se utilizam desse recurso têm uma necessidade muito grande em *conhecer* jogos (quantitativamente), *classificá-los* e *aplicá-los* "corretamente". Entretanto, a parte do processo que consideramos de suma importância e que comumente deixa a desejar é o *Processamento* e o *Processamento Teórico*, ou seja, o momento em que o Diretor faz a releitura e/ou tradução da Dramatização e dos Comentários e a introdução e/ou a inserção de conteúdos teóricos pertinentes à vivência em si.

O *jogo dramático* não pode ser considerado bem aplicado se não soubermos processá-lo de forma correta, principalmente se considerarmos a aplicação no campo institucional e pedagógico. A partir deste momento, procuraremos apresentar algumas características que consideramos relevantes. Como já foi visto, a formação do papel de Diretor é imprescindível para um resultado bem-sucedido. Além disso, salientamos que a postura profissional (preferencialmente, psicodramática) é o primeiro passo.

Ao trabalharmos com grupos, devemos desmistificar, em primeira instância, o conceito que as pessoas têm sobre jogos. O resgate lúdico não elimina a importância da seriedade e da responsabilidade que o jogo propõe. Devemos ainda considerar em que fase da Matriz de Identidade o grupo se encontra. Para isso, utilizamos jogos relacionados em ordem crescente à Matriz.

Há pessoas que prejulgam o JOGO com tantas barreiras (para não se exporem), que podemos observar as "conservas" de cada um. Com a condução adequada, percebemos que essa resistência inicial pode ser facilmente transposta. O jogo funciona de modo tão surpreendente que permite resgatar, dentro de cada indivíduo, o ser espontâneo e criativo existente.

Outro fator preponderante é que todo *Jogo Dramático* é psicodiagnóstico, ou seja, permite avaliar as características de um indivíduo ou grupo, através de seus comportamentos, atitudes, sensações e sentimentos, dentro de um contexto lúdico. Se considerarmos a teoria moreniana, pode-se avaliar o nível de espontaneidade, criatividade, desempenho de papéis, tele, rede sociométrica etc., e/ou ainda, nível de observação, percepção, comunicação e integração, entre outros.

Como dissemos anteriormente, o domínio dos jogos a serem aplicados é de fundamental importância para uma leitura diagnóstica de um grupo. O papel do Diretor aqui é o de centralizador, ou melhor, o tradutor da vivência em si, tanto no Processamento como no Processamento Teórico.

É durante o jogo (dramatização) ou nos Comentários que se pode identificar o conflito. Compete ao Diretor observar e registrar os dados pertinentes à proposta inicial para processá-los posteriormente, sem, contudo, esquecer-se de considerar a dinâmica do grupo (aspecto intra e inter-relacional entre os participantes).

Se o Diretor tem os objetivos bem definidos e domínio do *jogo dramático*, maior facilidade terá na leitura e diagnose do material trazido pelo grupo. Além disso, todo jogo deve ter critérios, ou seja, não se aplica um jogo gratuitamente.

Cada grupo apresenta uma natureza própria. Não existem grupos iguais, visto que depende da coalizão dos aspectos advindos do contexto social de cada participante. Além disso, o contexto grupal é estruturado de acordo com as características de cada um. Portanto, a forma de percepção e comunicação nos grupos é bastante peculiar.

Como sabemos, deve-se identificar em que fase da Matriz de Identidade um grupo se encontra, ou seja, qual é a fase de seu desenvolvimento. Geralmente, grupos que se formam pela primeira vez estão inseridos na primeira fase (Identidade do Eu), uma vez que não existe o vínculo entre eles e, por não se conhecerem, o objetivo centraliza-se, inicialmente, na relação do indivíduo consigo mesmo para, posteriormente, desenvolver a integração entre todos.

Mesmo que exista um contato anterior entre os elementos do grupo, faz-se necessário desenvolver um trabalho em conjunto com o Diretor, visto que o grupo é "novo" e a aplicação de jogos de apresentação e de aquecimento em um primeiro contato permite conhecer sua psicodinâmica.

Um grupo na segunda fase da Matriz (Reconhecimento do Eu) permite o reconhecimento grupal através da percepção de si mesmo e do outro até atingir a pré-inversão. Nesse aspecto, os participantes não estão mais centralizados em si mesmos. Surgem aí relações em corredores[8] ou triangulações[9]. Há uma disponibilidade do grupo para

---

8. *Relações em corredor* corresponde a uma das fases do desenvolvimento infantil, em que a criança estabelece relações exclusivas e possessivas. Por exemplo: relação somente

o reconhecimento das diferenças individuais. Não é possível ainda utilizar *jogos dramáticos* que objetivem a coesão grupal.

O grupo na terceira fase (Reconhecimento do Tu) apresenta um bom nível de percepção e comunicação. Jogos mais elaborados que envolvam a construção de personagens e inversão de papéis podem ser aplicados, abrangendo *"o exercício da inversão de papéis grupal que dissolve os triângulos e abre a perspectiva para o círculo télico grupal"*.[10]

Quando falamos de leitura grupal, portanto, devemos identificar a fase da Matriz correspondente ao grupo, que abrange do primeiro contato até a conclusão do trabalho.

Dentro dos critérios a que se propõe o Diretor considera-se, *a priori*, o grau de espontaneidade e criatividade dos indivíduos. Os Comentários devem permitir uma liberdade de expressão acerca da experiência vivida para que cada um exponha sua forma de pensar, sentir e perceber. É desse modo que o Diretor pode ampliar a sua visão do grupo e a psicodinâmica de cada um. Entretanto, nem sempre as respostas vão de encontro aos objetivos esperados pelo Diretor e compete a este selecioná-los.

Muitos profissionais utilizam-se do Processamento apenas para mostrar o que foi atingido dentro de sua proposta, ou seja, sugere uma relação exclusiva consigo mesmo ou com os propósitos da Instituição, sem considerar o grupo.

O Diretor deve ter a capacidade de observar e registrar não somente a comunicação verbal (digital), mas principalmente a corporal (analógica). Por exemplo, a postura e a localização das pessoas dentro de uma sala podem revelar aspectos significativos de cada participante.

Ressaltamos exaustivamente a importância das diferenças individuais e da identificação e resolução dos conflitos que emergem do *Jogo Dramático*, pois é por meio destas características que conseguimos realizar o Processamento.

Existem participantes que denotam condutas e ações extremamente inadequadas. Tais aspectos podem refletir diretamente no Jogo e/ou nos Comentários. O Diretor, neste caso, deve ter sensibilidade e uma postura adequada, sem resvalar no seu eu-privado, utilizan-

---

com a figura materna, somente com a figura paterna etc. (FONSECA FILHO, J. S. *Psicodrama da loucura*. São Paulo, Ágora, 1980, pp. 89-90)

9. *Triangulação* refere-se à fase em que a criança percebe a existência da relação *entre* sua mãe e seu pai, sentindo-se ameaçada, lesada. A partir daí, a criança poderá ultrapassar essa fase, adequadamente, se perceber que não há perda afetiva ao constatar que os "outros" podem se relacionar independentemente dela. (Idem, ibidem, pp. 91-3)

10. FONSECA FILHO, J. S. *Psicodrama da loucura*, op. cit., p. 130.

do-se desses materiais para o Processamento. Muitos comentários feitos pelos participantes podem ser direcionados aos objetivos em questão. Dependerá da habilidade do Diretor.

Permitir que as pessoas possam perceber suas dificuldades sem se sentirem ameaçadas é outro aspecto importante. Entretanto, em grupos, existem aqueles que denunciam tais dificuldades, isto é, as enxergam nos outros sem perceberem as suas próprias. Isso nos leva a constatar que não estão preparadas para a inversão de papéis.

Na verdade, o Diretor não precisa somente do preparo teórico-técnico, mas, principalmente, de disposição e abertura frente ao outro, pronto para efetivamente inverter papéis, com a possibilidade de trocar, compartilhar e, acima de tudo, aprender. Fixar-se numa postura de onipotência impede esse crescimento e, diretamente, a capacidade de efetuar uma leitura grupal. Afinal, o que é essa leitura, senão tão-somente a capacidade de compreender a dinâmica do outro? É preciso que, verdadeiramente, o diretor estabeleça uma relação horizontal com os participantes do grupo.

4
100 JOGOS DRAMÁTICOS

"Nos jogos a novidade qualitativa reside no fato
de que é o processo de aprendizagem em si,
e não a realização de um ato consumatório,
que fornece a motivação."

Konrad Lorenz[1]

Apresento, nesta parte, uma coletânea de *Jogos Dramáticos* de forma esquemática, envolvendo os materiais, as instruções e os objetivos de cada um, classificados pela teoria da Matriz de Identidade.

Vale ressaltar que a classificação proposta não cristaliza o jogo em determinada fase da Matriz. Muitos podem ser adaptados e/ou modificados, ampliando-se assim sua classificação. Além disso, esta sistematização visa contribuir apenas com uma visão diferenciada no que tange à classificação dos mesmos.

Poderemos encontrar, por exemplo, alguns jogos que são específicos da primeira fase e jogos da segunda fase que podem ser aplicados num grupo da primeira e assim por diante. Curiosamente, porém, nenhum jogo específico da terceira fase deve ser utilizado em grupos que se encontram em fases anteriores, em função da complexidade do próprio jogo e/ou do nível de preparo do grupo, exceto se o jogo dramático for adaptado em função da dinâmica e das necessidades.

Antes de aplicar um jogo, deve-se averiguar se ele é do conhecimento dos participantes, evitando, assim, possíveis contaminações. Neste caso, o Diretor deve estar preparado para alterações/adaptações do próprio jogo, ou apresentar um outro que possa ser substituído no momento.

Ressalto ainda que os Jogos Dramáticos têm sua estrutura respaldada na abordagem moreniana e, além da correlação com a Ma-

---

1. LORENZ, Konrad. *L'envers du mirroir. Une histoire naturelle de la connaissance.* Paris, Flammarion, 1975.

triz de Identidade, todos avaliam o grau de espontaneidade, criatividade e desempenho de papéis, visando a inter-relação do indivíduo com o indivíduo e do indivíduo com o grupo.

No rodapé de cada jogo existe uma tabela que apresenta cada fase da Matriz de Identidade, contendo a classificação proposta aos tipos de jogos correspondente a cada uma, isto é, *1.ª fase:* IDENTIDADE DO EU (Jogos de Apresentação, Aquecimento, Relaxamento/Interiorização e Sensibilização), *2.ª fase:* RECONHECIMENTO DO EU (Jogos de Percepção de Si Mesmo, Percepção do Outro/Espelho e Pré-Inversão) e *3.ª fase:* RECONHECIMENTO DO TU (Jogos com Personagens/Papéis, Inversão de Papéis e Identidade Grupal/Encontro). Tais tabelas têm o objetivo de facilitar a consulta aos jogos, oferecendo uma visão global de cada um e sua amplitude.

1ª f. - I. E.				2ª f. - R. E.			3ª f. - R. T.		
A'	*A/°*	*R/I*	*S'*	*P.S.*	*P.O/E*	*P.I.*	*P/P*	*I.P.*	*IG/E*

A explicação detalhada desta será dada na apresentação dos *Jogos Dramáticos* de cada fase.

Espero que esta forma seja um instrumento facilitador para a consulta e o manuseio dos mesmos, ciente de que dependerá da habilidade e flexibilidade do Diretor, assim como do seu nível de espontaneidade e criatividade. Com o desenvolvimento do papel (*roleplaying*) será possível adquirir maior experiência, rumo ao *rolecreating*, enquanto Diretor.

I — JOGOS DA 1ª FASE
(IDENTIDADE DO EU)

São jogos correlacionados com a primeira fase da Matriz de Identidade (IDENTIDADE DO EU — fase do DUPLO). Nesta classificação, explora-se a sensibilidade, um princípio de percepção e integração grupal, sem envolvimento ou contato físico entre os participantes, pois é o momento em que o grupo se encontra caótico e indiferenciado. Evitar contato físico refere-se a situações que possam ameaçar os indivíduos (invasão, agressão, violência etc.) É o momento de se criar uma IDENTIDADE DO EU no grupo e, para isso, cada participante deve localizar-se nele (EU-COMIGO), primeiramente. Apresento alguns tipos de Jogos inseridos nesta fase:

Jogos de Apresentação, que envolvem a apresentação dos participantes, de uma forma diferenciada e informal.

Jogos de Aquecimento, que, geralmente, são adaptações de jogos infantis, com o objetivo de produzir campo relaxado e início de integração. É o resgate do lúdico, onde a postura do Diretor é extremamente importante.

Jogos de Relaxamento e Interiorização, que visam a descoberta de si mesmo, da própria identidade, através da sensibilidade e percepção. Neste tipo de jogo é fundamental que o Diretor tenha a sutileza em respeitar a dinâmica do grupo através de seu ritmo, limite e espaço. Isso se reflete pelo tom de voz, o timbre, as consignas e suas pausas.

Jogos de Sensibilização, que possibilitam a exploração de si mesmo e do meio ambiente através da sensibilidade e percepção (tátil, olfativa, auditiva, gustativa e visual). Aqui, o Diretor também deve estar atento ao ritmo e limite do grupo, respeitando as diferenças individuais.

Eis a sistematização referente a esta fase:

1ª FASE: IDENTIDADE DO EU			
Apresentação	*Aquecimento*	*Relaxamento e Interiorização*	*Sensibilização*

que será simplificada nesta forma:

1ª f.:		I. E.	
A'	*A/º*	*R/I*	*S'*

51

01

FRUTAS

1. MATERIAIS: não há.

2. INSTRUÇÕES:
   a. grupo sentado, em círculo;
   b. cada participante deverá escolher o nome de uma fruta, que seja correspondente à pessoa à sua *direita*;
   c. depois, apresentará ao grupo, dizendo qual é a fruta e o porquê desta escolha (ex.: cor da pele, expressão facial, roupa, atitudes etc.);
   d. compete ao Diretor permitir que a pessoa "eleita" concorde ou não com a descrição feita e o porquê;

   Nota: É um jogo de apresentação pertinente a grupos desconhecidos, onde a única referência é o *externo*.

   VARIAÇÃO: Pode-se substituir a consigna: *fruta* por qualquer outra (exemplo: instrumento musical, carro, flor, artista, animal etc.).

3. CLASSIFICAÇÃO:

1ª f. - 1ª E.				2ª f. - R. E.			3ª f. - R. T.		
A'	A/°	R/I	S'	P.S.	P.O/E	P.I.	P/P	I.P.	IG/E

52

02

UM BICHO

1. MATERIAIS: não há.

2. INSTRUÇÕES:

a. cada participante pensa em suas características pessoais e escolhe um bicho que o identifique;

b. cada um deverá representar, no contexto dramático, as características do bicho escolhido, mostrando-as uma por vez;

c. cada elemento do grupo deverá descobrir e dizer qual a característica que lhe é apresentada;

d. se acertar, o "bicho" deve acentuá-la e, em seguida, mostrará outra característica, passando a adivinhação à pessoa seguinte. Se errar, mantém a mesma característica e passa a palavra ao próximo, e assim por diante;

e. depois, o grupo procura descobrir qual é o bicho escolhido;

f. no final, cada participante explica o porquê da escolha;

g. comentários.

3. CLASSIFICAÇÃO:

1ª f. - I. E.		R/I	S'	2ª f. - R. E.			3ª f. - R. T.		
A'	A/°	R/I	S'	P.S.	P.O/E	P.I.	P/P	I.P.	IG/E

UM CARRO, UMA FLOR, UM INSTRUMENTO MUSICAL

1. MATERIAIS: papel e caneta para cada participante.

2. INSTRUÇÕES:
   a. cada participante escreve no papel o nome de um carro, uma flor e um instrumento musical com que se identifica;

   Nota: Ao escrever, ninguém deve ver o que consta no papel do outro.

   b. juntar todos os papéis, misturar e redistribuir;
   c. cada pessoa do grupo tenta identificar quem é quem;
   d. se acertar, o autor da escolha explica o porquê;
   e. se errar, explica-se no final;
   f. comentários.

VARIAÇÃO: Pode-se alterar a consigna (exemplo: uma fruta, um esporte e uma música).

3. CLASSIFICAÇÃO:

1ª f. - I. E.				2ª f. - R. E.			3ª f. - R. T.		
A°	A/°	R/I	S'	P.S.	P.O/E	P.I.	P/P	I.P.	IG/E

04

QUALIDADES E MANIAS

1. MATERIAIS: papéis e canetas.

2. INSTRUÇÕES:
    a. cada pessoa escreverá duas qualidades e duas manias suas num pedaço de papel, sem que os demais vejam;
    b. o Diretor recolhe os papéis, mistura e redistribui, de modo que ninguém fique com o seu;
    c. cada participante deverá, através de mímica, representar tais características para que o grupo as descubra. Em seguida, tenta-se acertar o autor das mesmas, que explicará o porquê de tais escolhas;
    d. comentários.

3. CLASSIFICAÇÃO:

1ª f. - I. E.				2ª f. - R. E.			3ª f. - R. T.		
A'	*A'ª*	*R/I*	*S'*	*P.S.*	*P.O/E*	*P.I.*	*P/P*	*I.P.*	*IG/E*

OBJETO ESPECIAL

1. MATERIAIS: um objeto pessoal de cada participante.

2. INSTRUÇÕES:
    a. pede-se à pessoa que coloque um objeto seu à sua frente (ex.: anel, cinto, agenda etc.), que considere especial;
    b. questiona-se o porquê de tal objeto e o que representa para si;
    c. após, solicita-se que "empreste" a sua voz ao objeto e fale na 1ª pessoa sobre o que sente, pensa e percebe dele;
    d. comentários.

Nota: Este jogo dramático é de aplicação individual. Quando aplicado em grupo, solicita-se que cada participante expresse a impressão sobre o objeto escolhido pela pessoa. Pode-se solicitar, ainda, que os participantes falem o que acham (enquanto objeto), sendo que a pessoa, em si, confirma ou não as informações.

3. CLASSIFICAÇÃO:

1ª f. - I. E.		R/I	S'	2ª f. - R. E.			3ª f. - R. T.		
A²	A/²	R/I	S'	P.S.	P.O/E	P.I.	P/P	I.P.	IG/E

06

JOGO DO CONTORNO

1. MATERIAIS: barbante, giz ou papel para marcação do contorno, canetas, revistas, recortes, tesoura, cola etc.

2. INSTRUÇÕES:

a. solicitar aos participantes que se deitem no chão (ou sobre o papel), para a demarcação do seu contorno, com barbante, giz ou caneta;

b. cada pessoa deve preencher o seu contorno, com recortes, palavras, objetos, da forma que considerar melhor e que possa defini-la como pessoa;

c. no final, comentar sobre o significado de cada coisa colocada;

d. comentários.

3. CLASSIFICAÇÃO:

				2ª f. - R. E.			3ª f. - R. T.		
A'	A/°	R/I	S'	P.S.	P.O/E	P.I.	P/P	I.P.	IG/E

07

EXPOSIÇÃO DE ARTE

1. MATERIAIS: chapéus, bijuterias, chaves, acessórios em geral.

2. INSTRUÇÕES:

a. dispor os objetos sobre uma parte da sala, como uma exposição;

b. o grupo fica em círculo;

c. o Diretor convida todos a visitar uma "exposição de arte" e cada um deve escolher um objeto com o qual se identifique, que tem a ver consigo mesmo;

d. feitas as escolhas, retornam aos seus lugares (com o objeto) e comentam o significado da escolha;

e. comentários.

3. CLASSIFICAÇÃO:

1ª f. - I. E.				2ª f. - R. E.			3ª f. - R. T.		
A*	A/ª	R/I	S'	P.S.	P.O/E	P.I.	P/P	I.P.	IG/E

08

APRESENTAÇÃO EM DUPLAS

1. MATERIAIS: não há.

2. INSTRUÇÕES:
   a. solicita-se ao grupo para formar duplas, aleatoriamente;

   Nota: Verifica-se se o número de participantes é par. Em caso de número ímpar, o Diretor (ou Ego-Auxiliar) pode participar.

   b. cada dupla conversa durante dez minutos, aproximadamente, falando de si mesmo, apresentando-se;
   c. após o tempo estipulado, o grupo reúne-se novamente;
   d. o participante A apresenta o participante B e vice-versa;
   e. repete-se o processo com todos os integrantes;
   f. comentários.

3. CLASSIFICAÇÃO:

I. f. - I. E.				2ª f. - R. E.			3ª f. - R. T.		
A'	A/°	R/I	S'	P.S.	P.O/E	P.I.	P/P	I.P.	IG/E

JOGO DO NOVELO

1. MATERIAIS: um novelo de lã ou barbante.

2. INSTRUÇÕES:

Nota: As pessoas ficam em pé, distribuídas aleatoriamente na sala, mantendo uma certa distância entre si.

a. inicia-se jogando o novelo para um participante, que se apresenta para o grupo, após dar uma volta da lã/barbante em seu dedo indicador, isto é, este joga o novelo para outra pessoa, mantendo o fio esticado;

b. quando a segunda pessoa se apresenta, enrola uma volta do novelo em seu dedo e joga-o para uma terceira pessoa, que repete o mesmo processo;

c. o jogo prossegue até chegar ao último participante;

d. depois, no movimento inverso, ou seja, do último ao primeiro, cada participante tenta apresentar o anterior a ele, seguindo até o final. Aquele que foi o primeiro tentará apresentar o último, "fechando", desta forma, o grupo.

Obs.: Geralmente, as pessoas não prestam a devida atenção, por isso solicita-se que cada uma fale do que se "lembra".

3. CLASSIFICAÇÃO:

				2ª f. - R. E.			3ª f. - R. T.		
A'	*A/°*	*R/I*	*S'*	*P.S.*	*P.O/E*	*P.I.*	*P/P*	*I.P.*	*IG/E*

10

JOGO DOS BICHOS

1. MATERIAIS: etiquetas auto-adesivas, caneta hidrográfica.

2. INSTRUÇÕES:
    a. grupo em círculo, sentados. Distribui-se etiquetas com o nome de cada um, para ser afixado;
    b. solicita-se a cada participante que pense no nome de um bicho. Em seguida, cada um fala o seu, em voz alta, podendo repetir três vezes, no máximo. O grupo deverá memorizá-los;
    c. o Diretor chama duas pessoas pelo nome e estas deverão falar o nome do bicho da *outra*. Quem chamar por último, sai do jogo. Em caso de dúvida, não se exclui ninguém;
    d. após um determinado tempo, cada pessoa escolhe o *som/ruído* que o bicho produz. Repete-se o mesmo processo, desta vez emitindo o som da outra;
    e. comentários.

VARIAÇÃO: Apesar de estar classificado na 1ª fase, em função de seu aspecto lúdico, este jogo pode ser adaptado e aplicado às três fases da Matriz de Identidade. Pode-se, por exemplo, trocar o nome por números; solicitar que cada um represente o bicho do outro sem ser concomitante; inverter os papéis, ou seja, cada dupla representa o próprio bicho e, em seguida, o do outro, estabelecendo uma relação complementar etc.

3. CLASSIFICAÇÃO:

1ª f. - I. E.				2ª f. - R. E.			3ª f. - R. T.		
A'	A/º	R/I	S'	P.S.	P.O/E	P.I.	P/P	I.P.	IG/E

11

PÁSSAROS NO AR

1. MATERIAIS: não há.

2. INSTRUÇÕES:
   a. grupo em círculo, sentados;
   b. *senha do Diretor*: Cada vez que mencionar o nome de *um pássaro*, todos devem *erguer a mão direita e fazê-la flutuar*, imitando um pássaro em vôo. Se mencionar *um grupo de pássaros, ambas as mãos deverão flutuar*. Se mencionar *um animal que não voe*, deverão *ficar imóveis, com as mãos sobre os joelhos*;
   c. quem errar, permanece no grupo, sem participar diretamente, mas colabora com a fiscalização;
   d. comentários.

   Exemplo:
   "Esta manhã levantei-me cedo. O dia estava magnífico. O sol da primavera animava toda a natureza e *os pássaros* (duas mãos) cantavam sem cessar.

   Ao abrir a janela do quarto, *um pardal* (mão direita), sem cerimônia, invadiu a casa, pondo o *gato* (mãos nos joelhos) em polvorosa.

   O *papagaio* (mão direita) que estava no jardim de inverno irritou-se com a correria do *gato* (mãos nos joelhos) e pôs-se a berrar, assustando os *canários* (duas mãos), que tranqüilamente cantavam em suas gaiolas..."

3. CLASSIFICAÇÃO:

1ª f. - I. E.				2ª f. - R. E.			3ª f. - R. T.		
A'	A/º	R/I	S'	P.S.	P.O/E	P.I.	P/P	I.P.	IG/E

12

PERSONAGENS CÉLEBRES

1. MATERIAIS: tiras de papel, pincel atômico, fita adesiva.

2. INSTRUÇÕES:
   a. escrever nome de personagens com o número compatível dos participantes, sem o conhecimento dos mesmos;
   b. fixar nas costas de cada um;
   c. o grupo, através de mímica (sem verbalização), procura fazer com que cada participante identifique o "personagem" que está afixado em suas costas;
   d. comentários sobre a experiência.

Nota: Embora classificado na primeira fase, este jogo pode ser adaptado para a segunda ou terceira.

3. CLASSIFICAÇÃO:

				2ª f. - R. E.			3ª f. - R. T.		
A'	A/°	R/I	S'	P.S.	P.O/E	P.I.	P/P	I.P.	IG/E

LÁ VAI...

1. MATERIAIS: não há.

2. INSTRUÇÕES:

a. grupo em círculo, todos sentados. O Diretor inicia o jogo com uma frase e todos a repetem (exemplo: *"Lá vai a banda."*), um a um, no sentido horário;

b. reinicia incluindo mais uma frase e o grupo repete o mesmo procedimento, e assim por diante;

c. sai do jogo aquele que errar;

d. pode-se interromper o jogo, quando se tornar difícil para o grupo dizer as frases completas;

e. comentários.

Exemplo:

(1) Lá vai a banda.

(2) Lá vai o maestro, que regia a banda.

(3) Lá vai o carro, que levava o maestro, que regia a banda.

(4) Lá vai o mecânico, que consertou o carro, que levava o maestro...

(5) Lá vai a mulher, que casou com o mecânico, que consertou o carro, que levava o maestro...

(6) Lá vai a vizinha, que conversou com a mulher, que casou com o mecânico, que consertou...

(7) Lá vai o açougueiro, que cobrou da vizinha, que conversou com a mulher, que casou...

(8) Lá vai o cachorro, que mordeu o açougueiro, que cobrou da vizinha, que conversou com a mulher, que casou com o mecânico, que consertou o carro, que levava o maestro, que regia a banda.

3. CLASSIFICAÇÃO:

1ª f. - L. E.				2ª f. - R. E.			3ª f. - R. T.		
A'	A'º	R/I	S'	P.S.	P.O/E	P.I.	P/P	I.P.	IG/E

14

A CHUVA

1. MATERIAIS: não há.

2. INSTRUÇÕES:

a. cada participante procura um lugar confortável dentro da sala para se deitar. De olhos fechados, seguirá as consignas do Diretor;

b. *consigna*: Procure relaxar seu corpo, liberando suas tensões...Pouco a pouco, seu corpo começa a ficar leve...muito leve, transformando-se numa nuvem... Você começa a levitar, atravessando a sala, de encontro ao céu... Procure explorar-se enquanto nuvem... Veja como é a sua forma, sua cor, sua textura... (respeitar o ritmo e o tempo interno de cada um).

Você pode abrir os olhos: verifique como desliza pelo céu, avistando a terra lá embaixo... Você se encontra com outras nuvens e, com a junção, formam-se nuvens de chuva...

Os pingos começam a cair, vagarosamente, *ao estalar os dedos de uma das mãos*. Depois, com as duas mãos, intensificando os pingos...

Aproximam-se das árvores, caindo sobre as folhas, simbolizado pelo *esfregar das mãos*...Delicadamente no início, intensificando-se em seguida...

De repente, a chuva fica mais forte e você deve representá-la *batendo as mãos nas pernas*. Ela aumenta mais e mais... e aos poucos vai diminuindo...;

c. comentários.

Nota: A partir daí, inverte-se a ordem das consignas até cessar a chuva. A nuvem se desfaz vagarosamente, transformando-se em pessoas novamente.

3. CLASSIFICAÇÃO:

1ª f. - I. E.				2ª f. - R. E.			3ª f. - R. T.		
A'	A/º	R/I	S'	P.S.	P.O/E	P.I.	P/P	I.P.	IG/E

65

PERCEPÇÃO DE OBJETOS

1. MATERIAIS: venda para os olhos (opcional), objetos diversos para pesquisa (cortiça, isopor, metal, borracha, vidro, papel, pedra, tecido etc.) para cada dupla de participantes.

2. INSTRUÇÕES:

a. formam-se duplas. Distribui-se materiais diferentes para cada dupla. Um fecha os olhos (ou coloca a venda) e o outro apresenta os objetos, que deverão ser descritos pelo primeiro em relação a forma, textura, temperatura etc. e depois tenta identificá-los. Solicita-se ainda que "visualizem", mentalmente, o tamanho de cada objeto;

b. após a apresentação, verifica-se *in loco*, comparando-os com sua percepção interna;

c. em seguida, aquele que apresentou os objetos deverá fechar os olhos (ou colocar a venda) e trocar de dupla. Repete-se o mesmo procedimento;

d. comentários.

Nota: A troca de duplas deve-se ao fato de impedir o conhecimento prévio dos objetos a serem apresentados, evitando, assim, a contaminação do jogo.

3. CLASSIFICAÇÃO:

1ª f. - I. E.				2ª f. - R. E.			3ª f. - R. T.		
A'.	*A/º*	*R/I*	*S'*	*P.S.*	*P.O/E*	*P.I.*	*P/P*	*I.P.*	*IG/E*

16

DESCOBERTA DE SI MESMO

1. MATERIAIS: não há.

2. INSTRUÇÕES:

a. o grupo caminha pela sala, liberando as tensões do corpo e diminuindo o ritmo do andar, sem verbalização;

b. cada um escolhe um local para se deitar confortavelmente, com espaço à sua volta;

c. fecham os olhos e "descobrem" as próprias mãos através do tato, explorando a forma, tamanho, textura, temperatura etc;

d. depois, com as mãos, exploram o rosto, detalhadamente, seguindo o mesmo procedimento anterior. Após a descoberta, exploram a cabeça, o pescoço, o tórax, o abdome, as pernas e os pés;

e. comentários.

Nota: O Diretor deve dar as consignas respeitando o ritmo de cada um, e dar preferência por ambientes com pouca claridade, evitando, assim, possíveis exposições.

3. CLASSIFICAÇÃO:

				2ª f. - R. E.			3ª f. - R. T.		
A'	*A/°*	*R/I*	*S'*	*P.S.*	*P.O/E*	*P.I.*	*P/P*	*I.P.*	*IG/E*

17

FLEXÃO E EXTENSÃO
(Relaxamento Indutivo)

1. MATERIAIS: não há.

2. INSTRUÇÕES:
    a. os participantes devem ficar deitados, de forma confortável, com espaço adequado à sua volta;
    b. ao comando de voz do Diretor, cada um deverá cumprir à risca o que for solicitado;

    Nota: Neste relaxamento, trabalha-se com todo o corpo (dos pés à cabeça), principalmente as articulações. São dois movimentos básicos: expansão (três vezes) e contração (três vezes) dos músculos.

    c. inicia-se com o pé direito. Pede-se para contrair o pé e, depois, relaxá-lo, voltando à posição natural (três vezes). Em seguida, com o pé esquerdo, repete-se o mesmo processo;
    d. retorna-se ao pé direito e pede-se para esticá-lo (expansão) e depois, relaxá-lo. Repete-se o processo anterior;
    e. comentários.
SEQÜÊNCIA: pés, joelhos, quadris, respiração (abdome), tórax, braços e mãos, ombros, pescoço e cabeça.
    f. no final, pode-se acrescentar almofadas, para trabalhar cada indivíduo, soltando-os, como se estivessem sobre uma nuvem. Retornam ao contexto grupal, respeitando-se o ritmo de cada um.

3. CLASSIFICAÇÃO:

1ª f. - I. E.				2ª f. - R. E.			3ª f. - R. T.		
A'	*A/°*	*R/I*	*S'*	*P.S.*	*P.O/E*	*P.I.*	*P/P*	*I.P.*	*IG/E*

18

VIAGEM A UM BOSQUE
(Relaxamento Indutivo)

1. MATERIAIS: não há.

2. INSTRUÇÕES:

a. cada participante procura um local da sala para se deitar, de forma confortável, procurando soltar as tensões do corpo;

b. a partir deste momento, o Diretor dará as consignas (ao comando de sua voz), e cada um deverá imaginar (tentar visualizar) cada comando;

c. "seu corpo começa a ficar leve (...), cada vez mais leve (...) e você começa a levitar, saindo da sala (atravessando o teto).

Levita sobre a cidade (...) afastando-se dela até se aproximar de um bosque (...). Procure ver este bosque (deixar aflorar a imaginação de cada um). Veja as árvores, a mata, os pássaros, os bichos (...)

Você ouve o barulho de água (...) parece um riacho com águas cristalinas, produzindo uma sensação agradável (...), mais ao fundo, uma cachoeira (...) etc."

Nota: Após um determinado tempo, solicitar a cada participante que se despeça deste bosque e, *lentamente*, o Diretor deve conduzilos ao caminho de volta (repetindo o processo de forma inversa), respeitando o ritmo de cada um.

d. no final, cada participante comenta a experiência vivida.

3. CLASSIFICAÇÃO:

1ª f. - I. E.				2ª f. - R. E.			3ª f. - R. T.		
A'	*A/°*	*R/I*	*S'*	*P.S.*	*P.O/E*	*P.I.*	*P/P*	*I.P.*	*IG/E*

69

19

RENASCIMENTO
(Da Crisálida à Borboleta)

1. MATERIAIS: não há (*variação*: pode-se utilizar tules ou similares para a construção do casulo e, posteriormente, das asas).

2. INSTRUÇÕES:
   a. cada participante deita-se no chão, de forma confortável e de olhos fechados;
   b. após um breve *aquecimento*, deve imaginar que está dentro de um casulo (cor, tamanho, textura, temperatura, forma etc.), explorando-o ao máximo;
   c. as estações do ano passam e, aos poucos, cada um vai percebendo que está se transformando numa linda borboleta (v. tamanho, asas etc.) dentro do casulo;
   d. no momento exato, começa a romper o casulo, pois a transformação está completa;

   Nota: Ao sair do casulo, devem abrir os olhos, para verificar sua transformação (cor das asas, forma etc.).

   e. ao sair do casulo, percebe que está com fome (ainda não percebe os outros) e o alimento encontra-se à sua disposição;
   f. aos poucos, percebe o ambiente que o cerca, iniciando um processo de reconhecimento da área e, em seguida, percebe outros *seres* à sua volta, estabelecendo contato com eles.

   Nota: Deve-se respeitar o *ritmo* e *tempo* interno de cada um. Este jogo pode ser adaptado e aplicado às três fases da Matriz, propiciando desde a Identidade do Eu até o Reconhecimento do Tu.

3. CLASSIFICAÇÃO:

1ª f. - I. E.				2ª f. - R. E.			3ª f. - R. T.		
A'	A/°	R/I	S'	P.S.	P.O/E	P.I.	P/P	I.P.	IG/E

20

RENASCER
(Relaxamento Indutivo)

1. MATERIAL: música: Bolero (Ravel, M.)

2. INSTRUÇÕES:
   a. os participantes devem deitar-se no chão, de forma confortável, com espaço à sua volta;
   b. ao comando da voz do Diretor, deverão seguir as instruções solicitadas, como segue:
   "Imagine-se como matéria inerte no fundo do mar (...) Existe água por todos os lados (...) Sinta a água escorrendo pela sua superfície inerte (...) Enquanto a vida se desenvolve, você se transforma em algum tipo de erva ou planta marinha (...) Escute o tambor e deixe o som penetrar nos seus movimentos, enquanto as correntes o arrastam (...) Olhe à sua volta (...) Aos poucos, transforma-se em um animal simples, que se arrasta pelo fundo do mar (...) Deixe o tambor fluir através do seu corpo e dos seus movimentos, como animal marinho (...) Agora, mova-se vagarosamente em direção à terra (...) E quando a alcançar, faça crescer quatro pernas e comece a se arrastar pela terra (...) Explore a sua existência como animal terrestre (...) Agora fique, aos poucos, ereto sobre duas pernas e explore a sua existência e movimentos como bípede (...) Continue se movendo e abra os olhos e interaja com os outros, através dos movimentos (...)'';
   c. no final, comentar sobre a vivência, verificando que animal cada um vivenciou.

Nota: Pode ser adaptado e aplicado às três fases da Matriz.

3. CLASSIFICAÇÃO:

1ª f. - I. E.				2ª f. - R. E.			3ª f. - R. T.		
A'	A/°	R/I	S'	P.S.	P.O/E	P.I.	P/P	I.P.	IG/E

21

BOLA NO PAINEL

1. MATERIAIS: não há.

2. INSTRUÇÕES:
 a. grupo deitado de costas no chão, confortavelmente, e de olhos fechados;
 b. "imagine um imenso painel colorido tomando todo o seu campo de visão (...) Aos poucos, surge nesse painel um pequenino ponto, como uma cabeça de alfinete, que vai aumentando de tamanho, lentamente (...) Você percebe sua aproximação e, gradativamente, transforma-se numa bola colorida (...) Ela aumenta de tamanho e se aproxima cada vez mais (...) Torna-se uma bola imensa, que toca numa parte de seu corpo e arrebenta, saindo dela um líquido colorido. Esse líquido começa a colorir todo o corpo, lentamente (...) Aos poucos, o líquido vai escorrendo pelo chão e desaparece, deixando uma agradável sensação em seu corpo. Experimente-a (...) Vagarosamente você vai despertando seu corpo, apalpando-o através das mãos (...), espreguiçando-se (...) e, finalmente, abrindo os olhos;
 c. comentários.

3. CLASSIFICAÇÃO:

1ª f. - I. E.				2ª f. - R. E.			3ª f. - R. T.		
A'	A/°	R/I	S'	P.S.	P.O/E	P.I.	P/P	I.P.	IG/E

BOLA IMAGINÁRIA

22

1. MATERIAL: não há.

2. INSTRUÇÕES:
   a. o grupo em círculo (roda), voltado para dentro, em pé;
   b. cada participante (individualmente) no "como se" brincará com uma bola que, ao comando do Diretor, mudará de forma, tamanho, cor e textura (ex.: bola de plástico, isopor, chumbo, couro, tênis, basquete etc.);
   c. cada um deve "brincar" reagindo às mudanças, com a maior fidelidade possível;
   d. após um determinado tempo, eliminam-se todas as bolas, criando apenas uma, para ser jogada entre todos os participantes, repetindo as mesmas consignas dadas pelo Diretor;
   e. comentários sobre a experiência.

   Nota: Este jogo pode ser aplicado às três fases da matriz.

3. CLASSIFICAÇÃO:

1ª f. - I. E.				2ª f. - R. E.			3ª f. - R. T.		
A'	A/ª	R/I	S'	P.S.	P.O/E	P.I.	P/P	I.P.	IG/E

DANÇA DAS DOBRADIÇAS

1. MATERIAL: música (ritmo marcado e de relaxamento).

2. INSTRUÇÕES:
   a. o grupo fica em pé e em círculo;
   b. devem "dançar" com o corpo todo, de acordo com o ritmo da música, alternando com as consignas dadas pelo Diretor;

   Consignas: dançar somente com os pés e tornozelos,
   somente com as pernas,
   somente com os quadris,
   somente com o tórax,
   somente com o pescoço e a cabeça,
   somente com os olhos e a boca (rosto).

   c. no final, todos caminham pela sala e escolhem um local para se deitar e relaxar (introduzir música de relaxamento);
   d. comentários.

3. CLASSIFICAÇÃO:

I. f. - V. E.				2ª f. - R. E.			3ª f. - R. T.		
A'	*A/º*	*R/I*	*S'*	*P.S.*	*P.O/E*	*P.I.*	*P/P*	*I.P.*	*IG/E*

JOGO DO ANDAR

1. MATERIAIS: não há.

2. INSTRUÇÕES:

a. pede-se aos participantes que andem pela sala, *relaxando* o corpo, livrando-se das tensões do dia;

b. devem prestar atenção na sua *forma de andar* e imprimir o seu ritmo diário. (...);

c. verificar como cada um pisa no chão (...); a distribuição do peso (...); a temperatura (...); o ritmo (...); o equilíbrio (...) etc.;

d. depois de um determinado tempo, o Diretor dá as consignas de *diferentes formas de andar* (com as pontas dos dedos, com os calcanhares, com a borda de fora, de dentro, com um pé etc.), intercaladas com o andar normal (forma de andar de cada um).

Obs.: Pode-se incluir formas diferentes como: marchar, correr, pular etc.

3. CLASSIFICAÇÃO:

				2ª f. - R. E.			3ª f. - R. T.		
A'	*A/°*	*R/I*	*S'*	*P.S.*	*P.O/E*	*P.I.*	*P/P*	*I.P.*	*IG/E*

II — JOGOS DA 2ª FASE
(RECONHECIMENTO DO EU)

Jogos correlacionados à 2ª fase da Matriz de Identidade (RECONHECIMENTO DO EU — fase do ESPELHO), que abrangem características de sensopercepção e princípio de comunicação, fundamentalmente. Dependerá da visão do Diretor em captar a dinâmica do grupo e de cada indivíduo (EU e O OUTRO), para a inserção de jogos pertinentes ao momento, podendo apresentar contato físico ou não entre os participantes. Nesse sentido, apresento desde jogos dramáticos sem contato até aqueles que envolvem um contato físico intenso.

A ênfase que se dá nesse tipo de classificação abrange jogos individuais e em duplas, mesmo envolvendo todas as pessoas. É o momento do desenvolvimento do papel propriamente dito (*role-playing*), não só de cada participante, como do grupo todo, podendo, dessa forma, obter uma visão global e distinta do grupo. Os jogos dramáticos que pertencem a este tipo são:

Jogos de Percepção de Si Mesmo: são jogos que avaliam a percepção de si próprio, através de características como a sensibilização, percepção e tipo de comunicação, dentre outras. Podem ser individuais ou em duplas.

Jogos de Percepção do Outro/Espelho: Geralmente envolvem duplas, possibilitando ao indivíduo perceber-se adequadamente através do outro. É o processo de se reconhecer (Reconhecimento do Eu). Em sua essência, corresponde à fase do ESPELHO.

Jogos de Pré-Inversão: Neste tipo de jogo, os participantes iniciam o processo de pré-inversão, uma vez que não há a troca de papéis efetivamente, isto é, principia o colocar-se no lugar do outro. Não se exige ainda a reciprocidade que permeia a inversão de papéis.

A tabela apresenta a seguinte sistematização:

2ª FASE:	RECONHECIMENTO DO EU	
Percepção de si Mesmo	*Percepção do Outro/Espelho*	*Pré-Inversão*

sendo abreviada, conforme o esquema ao lado:

2ª f.:		R. E.
P.S.	*P.O/E.*	*P.I.*

25

CRIAÇÃO COLETIVA DE UMA MÁSCARA

1. MATERIAIS: não há.

2. INSTRUÇÕES:
   a. todos circulam pela sala;
   b. cada participante (um por vez) apresenta uma característica pessoal de sua personalidade (livre escolha);
   c. o grupo observa e reproduz (exemplo: esfregar as mãos, piscar os olhos etc.);
   d. repete-se o processo com o seguinte. Compete ao grupo reproduzir a primeira característica e a segunda, isto é, vão se acumulando as mímicas, de acordo com a apresentação de cada um;
   e. segue-se o mesmo procedimento até que o grupo consiga "incorporar", na seqüência, as características de todos;
   f. comentários.

   Nota: Pode-se adaptar este jogo para a apresentação de cada um.

3. CLASSIFICAÇÃO:

1ª f. - I. E.				2ª f. - R. E.			3ª f. - R. T.		
A'	A/º	R/I	S'	P.S.	P.O/E	P.I.	P/P	I.P.	IG/E

26

JOGO DAS PALMAS

1. MATERIAIS: um apito (opcional).

2. INSTRUÇÕES:
    a. grupo em pé, andando pela sala, aleatoriamente;
    b. ao comando do Diretor (através de palmas ou apito) deverão formar subgrupos, de acordo com o número de palmas. Exemplo: quatro palmas (ou quatro apitos) = formar subgrupos de quatro pessoas;
    c. sai do jogo aquele que não conseguir entrar nos subgrupos;
    d. comentários.

Nota: O Diretor deve formar subgrupos inicialmente, sem que ninguém saia (aquecimento).

3. CLASSIFICAÇÃO:

1ª f. - I. E.				2ª f. - R. E.			3ª f. - R. T.		
A'	*A'ᵃ*	*R/I*	*S'*	*P.S.*	*P.O/E*	*P.I.*	*P/P*	*I.P.*	*IG/E*

ESCRAVOS DE JÓ

1. MATERIAIS: caixinhas ou bolinhas etc.

Senha: "Escravos de Jó, jogavam Caxangá
　　　Tira, põe, deixa ficar
　　　Guerreiros com guerreiros
　　　Fazem *zig-zig-zá*
　　　Guerreiros com guerreiros
　　　Fazem *zig-zig-zá*".

2. INSTRUÇÕES:
　　a. os participantes em círculo, sentados, com o "objeto" à sua frente;
　　b. o "objeto" é passado ao participante da direita, ao cantarolar a música, seguindo a seqüência abaixo:
　　　1. CANTADO
　　　2. ASSOBIADO
　　　3. LÁ, LÁ, LÁ
　　　4. EM SILÊNCIO
　　c. A cada "rodada", acelera-se o ritmo da música.

Nota: As palavras assinaladas da senha devem ser dramatizadas durante o jogo, ou seja, *"tira"*: cada participante deve levantar o objeto; *"põe"*: coloca o objeto à sua frente; *"deixa ficar"*: aponta-se o objeto com o dedo indicador; *"zig-zig-zá"*: faz-se movimentos de vaivém com o objeto e, na palavra *"zá"*, entrega o objeto à pessoa da direita.

　　Em outros trechos passa-se o objeto, normalmente. Deve-se repetir o mesmo procedimento em toda a seqüência.

3. CLASSIFICAÇÃO:

1ª f. - A. E.				2ª f. - R. E.		3ª f. - R. T.		
A'	A/ª	R/I	S'	P.S.	P.O/E	P.I.	P/P	I.P.	IG/E

28

PARTES DO CORPO

1. MATERIAIS: não há.

2. INSTRUÇÕES:

a. o grupo, em pé, caminha de forma relaxada, mantendo um espaço no centro da sala;

b. o Diretor dará consignas que envolverão partes do corpo e deverão ser seguidas à risca, com rapidez e prontidão. Exemplo: se num grupo de dez participantes forem solicitadas quatro cabeças, apenas quatro cabeças se projetam no centro. Tipos de senhas: dez mãos, seis braços, oito cotovelos, nove pés etc.;

c. após um determinado tempo de jogo, explica-se que quem erra, sai;

d. comentários.

3. CLASSIFICAÇÃO:

1ª f. - I. E.				2ª f. - R. E.			3ª f. - R. T.		
A'	A/ª	R/I	S'	P.S.	P.O/E	P.I.	P/P	I.P.	IG/E

PASSA E REPASSA

1. MATERIAIS: não há.

2. INSTRUÇÕES:
   a. o grupo dispõe-se em círculo e em pé.
   b. o Ego-Auxiliar (ou Diretor) inicia com um movimento (exemplo: bate o pé direito), que "passa" à pessoa da direita. Este repete e repassa ao seguinte à sua direita até que todos repitam o movimento;
   c. o último repassa ao E-A, que recebe e acrescenta outro movimento (exemplo: bate o pé direito e mexe com os ombros). Repete o processo anterior, ou seja, todos repassam os movimentos ao participante à sua direita;
   d. os participantes que errarem saem do jogo e colaboram na fiscalização. Pode-se repetir enquanto houver motivação e interesse;
   e. o jogo prossegue até com três participantes (embora este critério possa ser definido pelo grupo);
   f. comentários sobre a experiência.

3. CLASSIFICAÇÃO:

1ª f. - I. E.				2ª f. - R. E.			3ª f. - R. T.		
A'	A/°	R/I	S'	P.S.	P.O/E	P.I.	P/P	I.P.	IG/E

JOGO DAS ALMOFADAS

1. MATERIAIS: almofadas.

2. INSTRUÇÕES:

    a. distribuir almofadas pelo chão, permitindo que todos observem;

    b. os participantes caminham somente sobre elas e sem verbalização;

    c. após um determinado tempo, todos devem fechar os olhos e continuar a se movimentar (não podem ficar parados);

    d. o Diretor retira algumas almofadas sem que os participantes percebam;

    e. após um tempo, explica que podem sair, desde que não coloquem os dois pés no chão (pode-se, por exemplo, sair pulando com um só pé, dando cambalhota etc.);

    f. comentários.

3. CLASSIFICAÇÃO:

1ª f. - I. E.				2ª f. - R. E.			3ª f. - R. T.		
A'	A/ª	R/I	S'	P.S.	P.O/E.	P.I.	P/P	I.P.	IG/E

ESCULTURA

1. MATERIAIS: não há.

2. INSTRUÇÕES:

    a. grupo em círculo, sentado;

    b. inicia com um voluntário "esculpindo" com as próprias mãos algo que considera *significativo* (ou alguma característica que o identifique) e "entrega" para o participante à sua direita e assim por diante;

    c. cada pessoa recebe e repassa a "escultura" ao seguinte, prosseguindo até passar pelo último participante;

    d. comentário breve sobre o que cada um considera que recebeu, sendo que o "escultor" confirma ou não;

    e. repete-se o mesmo procedimento a partir do segundo participante, e assim por diante, até todos passarem pela experiência;

    f. comentários.

3. CLASSIFICAÇÃO:

1ª f. - I. E.			2ª f. - R. E.				3ª f. - R. T.		
A'	A/°	R/I	S'	P.S.	P.O/E	P.I.	P/P	I.P.	IG/E

SIGA O CHEFE

1. MATERIAIS: não há.

2. INSTRUÇÕES:

a. grupo sentado em círculo, voltados para dentro;

b. elege-se um voluntário para sair da sala, enquanto o grupo escolhe um chefe (ou líder), que deve produzir movimentos e diversificá-los durante o jogo;

c. a pessoa é chamada de volta e fica do lado de dentro do círculo, movimentando-se sem parar e tentando descobrir quem está comandando os movimentos;

d. as regras podem ser definidas pelo grupo (ex.: quantas tentativas de acerto, o que ocorre quando erra etc.);

e. comentários.

Nota: Apesar de este jogo ser muito conhecido, sua aplicação não implica contaminações. Pode ser repetido várias vezes, modificando-se a escolha do chefe.

Em grupos na terceira fase da Matriz de Identidade pode-se avaliar a capacidade de inversão de papéis dos participantes.

3. CLASSIFICAÇÃO:

1ª f. - I. E.				2ª f. - R. E.			3ª f. - R. T.		
A'	*A/º*	*R/I*	*S'*	*P.S.*	*P.O/E*	*P.I.*	*P/P*	*I.P.*	*IG/E*

JOGO DO TIBITÁ

1. MATERIAIS: não há.

2. INSTRUÇÕES:

a. elege-se um voluntário, que sai da sala, enquanto as regras são explicadas para o grupo.

b. o grupo deve escolher um *verbo* e responderá às perguntas do voluntário, trocando o verbo pela palavra *tibitá*;

c. o participante formulará perguntas, um a um, com o objetivo de descobrir o verbo escolhido pelo grupo (exemplo: Você *tibita* sempre? Você já *tibitou* com alguém? Você pretende *tibitar* amanhã? etc.);

d. o grupo pode determinar quantas voltas são necessárias para adivinhar o verbo, ou o Diretor pode especificar. Neste caso, se não acertar, escolhe outra pessoa e reinicia o jogo com outro verbo.

VARIAÇÃO: O voluntário faz a mesma pergunta para todos os participantes e estes podem responder apenas sim ou não ou dar respostas livres. Após determinado número de perguntas, este deve adivinhar o verbo.

3. CLASSIFICAÇÃO:

1ª f. - I. E.				2ª f. - R. E.			3ª f. - R. T.		
A'	A/º	R/I	S'	P.S.	P.O/E	P.I.	P/P	I.P.	IG/E

PISCADA FATAL

1. MATERIAIS: cadeiras (metade do número de participantes).

2. INSTRUÇÕES:

a. forma-se um círculo de cadeiras (voltadas para dentro) e cada participante deve sentar-se deixando uma cadeira vazia;

b. atrás de cada cadeira fica outra pessoa;

c. elege-se um voluntário que ficará atrás da cadeira vazia, com o objetivo de atrair uma pessoa para a sua cadeira, através de uma "piscada", de modo disfarçado;

d. a piscada dirige-se à pessoa que está sentada, que deverá correr imediatamente em direção à cadeira vazia. Entretanto, a pessoa que estiver atrás da cadeira tem por objetivo tentar impedi-la, segurando-a pelos braços;

e. inverter o papel após um determinado tempo;

f. comentários.

Nota: Normalmente não é possível identificar claramente a quem se destina a piscada. Isso faz com que várias pessoas se levantem. Aos que tentam segurá-las, exige-se agilidade e leitura correta da intenção de sair do outro.

3. CLASSIFICAÇÃO:

1ª f. - I. E.				2ª f. - R. E.			3ª f. - R. T.		
A'	A/º	R/I	S'	P.S.	P.O/E	P.I.	P/P	I.P.	IG/E

RITMO E BOLAS

1. MATERIAIS: não há.

2. INSTRUÇÕES:
   a. cada participante imagina uma bola de um determinado tamanho e textura (pingue-pongue, futebol, feltro, plástico, acrílico etc.);
   b. cada um *brinca* com a sua bola (15'), explorando seu peso, textura, cor etc.;
   c. após um determinado tempo, procura um parceiro e apresenta a sua bola, da forma que lhe convier (menos a verbal) e vice-versa;
   d. cada dupla pode brincar com as bolas, da forma que quiser.

Nota: Verificar se as pessoas "respeitam" a bola do outro, com relação ao tamanho, peso etc.;

   e. comentar sobre a experiência.

VARIAÇÃO: Pode-se iniciar em duplas, formando, posteriormente, trios, quartetos, até o grupo como um todo.

3. CLASSIFICAÇÃO:

1ª f. - I. E.				2ª f. - R. E.			3ª f. - R. T.		
A'	A/º	R/I	S'	P.S.	P.O/E	P.I.	P/P	I.P.	IG/E

36

PERGUNTAS E RESPOSTAS TROCADAS

1. MATERIAIS: não há.

2. INSTRUÇÕES:

a. dispor o grupo em duas filas paralelas, em pares, um frente ao outro, formando um corredor;

b. o Diretor fará perguntas à pessoa que se encontra à sua frente e aquele que estiver às suas costas é quem responderá por ela. Exemplo: qual a cor da sua camisa? O outro responde a cor da camisa do "parceiro";

c. a pessoa a quem for dirigida a pergunta deve manter-se impassível, ou seja, não pode responder ou demonstrar qualquer reação;

d. sai do jogo a dupla que errar (exemplo: quando o elemento a quem for dirigida a pergunta responder, ou quando seu "parceiro" [às suas costas] deixar de responder);

e. pode-se trocar as duplas;

f. comentários.

3. CLASSIFICAÇÃO:

1ª f. - I. E.				2ª f. - R. E.			3ª f. - R. T.		
A'	A/º	R/I	S'	P.S.	P.O/E	P.I.	P/P	I.P.	IG/E

37

PIU - PIU

1. MATERIAIS: não há.

2. INSTRUÇÕES:

Nota: O Diretor identifica algo em comum entre os participantes (ou apenas em alguns), que será a senha do "piu-piu". Exemplo: letra do nome, cinto, cabelo, roupa etc.

a. grupo em círculo, sentado;
b. compete aos participantes descobrir "quem tem piu-piu". Para isso, cada pessoa será avaliada pelo grupo se tem ou não;
c. no decorrer do jogo, o Diretor dá dicas para auxiliar a descoberta (exemplo: tem no meio, é grande, é pequeno etc.);
d. termina o jogo quando descobrirem o que é o "piu-piu".

VARIAÇÃO: Após a saída de um voluntário, o grupo escolhe algo em comum entre eles (exemplo: acessórios, vestimenta, características físicas: boca, cabelo, pés, barriga etc.). Ao retornar, o participante faz perguntas a cada um, com o objetivo de descobrir a senha.

Pode-se combinar o número de tentativas de acerto. Quem errar, sai da sala e o grupo repete o mesmo processo.

3. CLASSIFICAÇÃO:

1ª f. - I. E.				2ª f. - R. E.			3ª f. - R. T.		
A'	A/ª	R/I	S'	P.S.	P.O/E	P.I	P/P	I.P.	IG/E

ADIVINHAÇÃO DOS BICHOS

1. MATERIAIS: papéis, canetas e fita adesiva.

2. INSTRUÇÕES:
   a. cada pessoa escreve o nome de um bicho, sem que os demais vejam;
   b. o Diretor pede que dobrem o papel. Junta-os e embaralha-os;
   c. o grupo em pé, em círculo, um atrás do outro, recebe os papéis novamente. Cada um cola nas costas da pessoa que está à sua frente;
   d. a seguir, todos podem se movimentar, tentando adivinhar qual é o "bicho" que está em suas costas. Para isso, fará perguntas a respeito do bicho e compete aos outros responderem somente "sim" ou "não". Exemplo: Tem patas? É grande?;
   e. se alguém achar que descobriu, comentar com o Diretor. Se acertar, continua respondendo para os outros;
   f. comentários.

Nota: Se gerar campo tenso, o Diretor poderá permitir que as pessoas ajudem com respostas mais completas, não se limitando apenas ao SIM e NÃO.
   Pode-se alterar a consigna. Exemplo: adivinhação de frutas, flores, legumes etc. Pode-se, ainda, aplicar em dois subgrupos (com consignas diferentes), promovendo competição, ou seja, vence aquele que adivinhar primeiro.

3. CLASSIFICAÇÃO:

1ª f. - I. E.				2ª f. - R. E.			3ª f. - R. T.		
A'	A/ª	R/I	S'	P.S.	P.O/E	P.I.	P/P	I.P.	IG/E

39

TELEFONE SEM FIO

1. MATERIAIS: não há.

2. INSTRUÇÕES:
   a. grupo em círculo, sentado;
   b. Diretor passa uma senha para um participante e este deverá repassar para o colega à sua direita. Em seguida, cria e passa uma mímica dessa mensagem;
   c. a pessoa ouve, repete à outra, faz a mímica e assim por diante;
   d. no final, cada um comenta *o que recebeu*. Posteriormente, cada um comenta o *que passou*;
   e. comentários.

Nota: Pode-se repetir várias senhas diferentes, iniciando com pessoas diferentes.

3. CLASSIFICAÇÃO:

1ª f. - I. E.				2ª f. - R. E.			3ª f. - R. T.		
A'	A/ª	R/I	S'	P.S.	P.O/E	P.I.	P/P	I.P.	IG/E

40

ESCONDE-ESCONDE

1. MATERIAIS: não há.

2. INSTRUÇÕES:

a. os participantes delimitam uma área para se esconder no "como se" (exemplo: dentro de uma casa, na rua etc.);

b. enquanto um participante "bate" a cara, os outros procuram se "esconder" na sala;

c. para se "esconder", cada pessoa deve assumir uma postura (posição) corporal de onde está (exemplo: debaixo da cama, atrás de um armário, de uma árvore etc.);

d. compete ao "pegador" descobrir onde estão escondidas as pessoas. Se acertar, corre para o pique; se errar, as pessoas não saem do lugar;

e. os participantes que estão escondidos podem se "salvar", de acordo com a brincadeira normal;

f. comentários.

Nota: O próprio grupo pode estabelecer as regras do jogo (exemplo: quantas tentativas de acerto, o último pode salvar todo mundo etc.). Se quiser, pode-se criar personagens para cada participante.

3. CLASSIFICAÇÃO:

1ª f. - I. E.				2ª f. - R. E.			3ª f. - R. T.		
A'	A/º	R/I	S'	P.S.	P.O/E	P.I.	P/P	I.P.	IG/E

41

PAPEL — UM OBJETO INTERMEDIÁRIO

1. MATERIAIS: papel sulfite.

2. INSTRUÇÕES:
   a. cada pessoa recebe uma folha de sulfite (em branco);
   b. o Diretor explica que cada um deverá expressar da forma que quiser, como vê .... (exemplo: relação chefe *versus* subordinado, liderança, autoritarismo, papel profissional etc.), através do papel;

Nota: Há muitos recursos frente ao papel (recortar, amassar, dobrar etc.), mas é preferível que cada pessoa utilize seu potencial criativo, sem que o Diretor precise dar exemplos.

   c. cada um apresenta o seu "papel" frente ao grupo;
   d. em seguida, o grupo se reúne para discutir e montar uma imagem única acerca da temática, utilizando-se dos papéis de cada um. No final, dá um título ao trabalho;
   e. um dos integrantes explica o que foi feito;
   f. comentários.

Nota: O Diretor pode acrescentar outros materiais, como cola, tesoura, durex ou papéis de diferentes texturas. Pode-se adaptá-lo como um jogo de Apresentação se a consigna for "como você se vê".

3. CLASSIFICAÇÃO:

1ª f. - I. E.				2ª f. - R. E.			3ª f. - R. T.		
A'	A/°	R/I	S'	P.S.	P.O/E	P.I.	P/P	I.P.	IG/E

42

JOGO DAS ATIVIDADES COMPLEMENTARES

1. MATERIAIS: não há.

2. INSTRUÇÕES:
    a. o Ego-Auxiliar, através da mímica, representa um papel. O grupo tenta descobrir, para depois realizar a atividade complementar;
    b. depois de algumas mímicas, pode-se introduzir a verbalização, se as pessoas "acertarem" o papel dramatizado. (Exemplo: uma cozinheira frente ao fogão: alguém lava as louças, outra arruma a mesa, outra prepara bebidas etc.);
    c. comentários.

VARIAÇÃO: Para trabalhos com Orientação Vocacional, por exemplo, cada um representa um *hobby*, a fim de avaliar as características dos participantes. Em um segundo momento, o Ego-Auxiliar cria um papel social e os próprios participantes dão nome, sexo, idade, profissão etc., através dos contrapapéis, ou seja, durante a dramatização.

Nota: Se adaptado, pode-se utilizar como um Jogo de Apresentação, Personagens ou Inversão de Papéis.
    Embora necessite da construção de personagens no contexto dramático, a ênfase se dá na pré-inversão, por isso não foi classificado como um jogo para a 3ª fase.

3. CLASSIFICAÇÃO:

1ª f. - I. E.				2ª f. - R. E.			3ª f. - R. T.		
A²	A/º	R/I	S'	P.S.	P.O/E	P.I	P/P	I.P.	IG/E

43

APONTE O QUE OUVIU

1. MATERIAIS: não há.

2. INSTRUÇÕES:
    a. grupo sentado, em círculo, voltados para dentro;
    b. inicia com um participante que deve apontar para uma parte do corpo, afirmando ser outra (exemplo: aponta para a cabeça e diz que é o umbigo);
    c. a pessoa à sua direita deverá apontar para a parte que ouviu (umbigo) e diz outra parte (por exemplo: braço);
    d. o seguinte segue o mesmo processo e assim por diante, até completar todas as pessoas;
    e. após uma rodada completa, o participante que errar sai do jogo e colabora como juiz.

VARIAÇÃO: Ao invés de sair quem erra, o Diretor apenas denuncia e começa com o participante seguinte.
    Pode-se também solicitar maior velocidade nas respostas.

3. CLASSIFICAÇÃO:

1ª f. - I. E.							3ª f. - R. T.		
A'	A/º	R/I	S'	P.S.	P.O/E	P.I.	P/P	I.P.	IG/E

APITO OCULTO

1. MATERIAIS: apito.

2. INSTRUÇÕES:
   a. um dos participantes sai da sala, enquanto as regras são dadas ao grupo;

   b. *para o grupo:* Escolhe uma pessoa que ficará com o apito. Todos podem "apitar", inclusive a pessoa que ficar com o mesmo, sem que o participante que saiu da sala descubra. Devem movimentar-se para confundi-lo;

   c. *para o participante fora da sala:* Uma das pessoas do grupo detém um apito. O objetivo é descobrir quem é. Para facilitar, em alguns momentos o apito soará. Deve movimentar-se continuamente, sem parar;

   d. a pessoa tem duas chances para acertar. Se descobrir, sai a pessoa descoberta e prossegue o jogo. Se errar, escolhe-se outro participante;

   e. comentários.

3. CLASSIFICAÇÃO:

1ª f. - I. E.				2ª f. - R. E.			3ª f. - R. T.		
A'	A/°	R/I	S'	P.S.	P.O/E	P.I.	P/P	I.P.	IG/E

HIPNOSE COM AS MÃOS

1. MATERIAIS: não há.

2. INSTRUÇÕES:
    a. o grupo divide-se em duplas;
    b. cada dupla apóia mão com mão (D × D), de forma espaldada, sendo que um comanda os movimentos e o outro acompanha como se estivesse hipnotizado;
    c. quem comanda pode criar quaisquer movimentos; quem acompanha deve segui-lo, sem que as mãos se separem durante o jogo;

Nota: Aquele que acompanha o comando deve apenas garantir que a mão fique colada.

    d. após um determinado tempo, inverter os papéis, repetindo o processo;
    e. trocar de duplas e prosseguir até o final;
    f. comentários sobre a experiência.

N.A.: Embora este jogo envolva a inversão de papéis entre os participantes, foi classificado na 2ª fase, pois permite avaliar até que ponto o participante tem a percepção de si mesmo antes de inverter o papel com o outro.

3. CLASSIFICAÇÃO:

1ª f. - I. E.			2ª f. - R. E.				3ª f. - R. T.		
A'	A/º	R/I	S'	P.S.	P.O/E	P.I.	P/P	I.P.	IG/E

HIPNOTISMO

1. MATERIAIS: não há.

2. INSTRUÇÕES:
    a. em duplas, frente a frente;
    b. uma pessoa sobrepõe a mão a poucos centímetros da outra pessoa e esta, como que hipnotizada, deverá seguir os movimentos, mantendo sempre a mesma distância;
    c. o que comanda deverá criar uma série de movimentos;
    d. o comandado deve reproduzi-los com fidelidade (como um reflexo de espelho);
    e. após um determinado tempo, invertem-se os papéis;
    f. trocar as duplas até que todos passem pela experiência;
    g. comentários sobre a experiência.

3. CLASSIFICAÇÃO:

1ª f. - I. E.				2ª f. - R. E.			3ª f. - R. T.		
A'	A/º	R/I	Sª	P.S.	P.O/E	P.I.	P/P	I.P.	IG/E

TIC-TAC POF-POF

1. MATERIAIS: não há.

2. INSTRUÇÕES:
    a. grupo em círculo, em pé;
    b. um participante (ou E-A / D) inicia o jogo, criando um movimento (exemplo: bater palmas quatro vezes) e, em seguida, cria outro movimento (exemplo: bate a mão direita na perna direita, quatro vezes) e assim por diante;
    c. a pessoa à sua direita reproduz os movimentos do "guia", no mesmo ritmo e cadência, repassando-os a outro participante da sua direita, e assim por diante;
    d. todos falam a senha conjuntamente, repetindo sempre a seqüência do guia, ou seja: *tic tic-tac, tic-tac, pof-pof ... tic tic-tac, tic-tac, pof-pof* etc.;
    e. após um tempo de aquecimento, aquele que errar sai do jogo.
Exemplo de seqüência de movimentos:
* bater palmas, mão direita na perna direita, mão esquerda na perna esquerda, mão esquerda no cotovelo direito, mão direita no cotovelo esquerdo, pisar no chão com o pé direito etc.

Nota: Este é o tipo de jogo que exige treino e uma boa coordenação motora do Diretor (ou Ego-Auxiliar).

3. CLASSIFICAÇÃO:

1ª f. - I. E.			2ª f. - R. E.				3ª f. - R. T.		
A'	A/°	R/I	S'	P.S.	P.O/E	P.I.	P/P	I.P.	IG/E

O EMBRULHO

1. MATERIAIS: música (gravador e fitas), um objeto que represente a "batata quente" (pedaço de espuma, isopor etc.), papéis de vários tipos e tamanhos, fitas, cordas, fitilhos, jornal, durex, barbante, tesoura e fita adesiva.

2. INSTRUÇÕES:
    a. grupo em círculo, sentados. Inicialmente o Diretor explica o Jogo da Batata Quente, isto é, ao som da música, todos deverão passá-la para o colega da esquerda, por exemplo. Não podem "jogar". Devem colocar na mão do outro. Quando a música pára, aquele que estiver com a "batata" sai do jogo. Repete algumas vezes no início, sem que ninguém saia, para o aquecimento do grupo;
    b. depois, o Diretor apresenta ao grupo vários materiais, que deverão formar um embrulho. Ele inicia com uma folha de jornal, por exemplo, formando uma bola. A seguir, cada um fará um embrulho, mostrando-o ao grupo;
    c. no término dos "embrulhos", o Diretor explica que recomeçará o jogo, mas desta vez, quando a música parar, a pessoa que estiver com o embrulho deverá abri-lo, retirando sempre a parte mais externa;
    d. reinicia o jogo com a música, repetindo o mesmo processo até o final;
    e. aquele que desembrulhar por último será o "vencedor";
    f. comentários.

VARIAÇÃO: Pode-se transformá-lo em um jogo de Apresentação, ao pedir à pessoa que ficar com o embrulho que apresente uma característica sua (exemplo: uma qualidade, um defeito, uma emoção etc.).

3. CLASSIFICAÇÃO:

1ª f. - I. E.			2ª f. - R. E.				3ª f. - R. T.		
A'	A/°	R/I	S'	P.S.	P.O/E	P.I.	P/P	I.P.	IG/E

LIMITE DE SI MESMO

1. MATERIAIS: giz.

2. INSTRUÇÕES:

a. solicitar aos participantes que formem uma fila, como se estivessem num ponto de ônibus ou numa fila de banco, fazendo de conta que não se conhecem;

Nota: Normalmente existe uma distância física (limite), que varia de pessoa para pessoa.

b. mostra-se aos participantes o "espaço-limite" de cada um e o quanto diferencia de pessoa para pessoa, através da Inversão de Papéis. Desfaz-se a fila;

c. em seguida, o Diretor solicita que um participante fique à sua frente (aproximadamente cinco metros) e que use de todos os sentidos para perceber a aproximação do Diretor. Antes de sentir-se "invadido", deve pedir para parar;

Nota: Demarcar com giz até onde o participante permite a aproximação.

d. na seqüência, pede-se que feche os olhos e o Diretor repete o mesmo processo. Nesse caso, pode-se introduzir sons através de palmas, bater com os pés etc.;

e. repetir o mesmo jogo para cada participante;

f. comentários.

Nota: Normalmente, a distância modificar-se-á, ampliando-se, em função do campo tenso gerado. O Diretor deve caminhar, vagarosamente, em direção ao participante nas duas vezes, sem alterar o ritmo. Esse é um jogo dramático que demonstra claramente a diferença entre campo tenso e campo relaxado, avaliando a percepção e os limites de cada um.

3. CLASSIFICAÇÃO:

1ª f. - I. E.			2ª f. - R. E.				3ª f. - R. T.		
A'	A/°	R/I	S'	P.S.	P.O/E	P.I.	P/P	I.P.	IG/E

SENSIBILIZAÇÃO DE UM CEGO

1. MATERIAIS: venda para os olhos, sucatas, algodão, cortiça, folha, madeira, borracha, isopor etc.

2. INSTRUÇÕES:

    a. em duplas. Um é *cego* (não pode ver) e o outro deve "mostrar" objetos, fazendo com que o cego possa descobrir cada objeto e/ou material apresentado, utilizando seus outros sentidos, da melhor forma possível (não há necessidade de definir os objetos);

    b. após a experiência, inverter os papéis;

    c. pode-se trocar as duplas;

    d. comentar sobre a experiência de cada um.

3. CLASSIFICAÇÃO:

1ª f. - I. E.			2ª f. - R. E.				3ª f. - R. T.		
A'	A/°	R/I	S'	P.S.	P.O/E	P.I.	P/P	I.P.	IG/E

CORRIDA EM CÂMERA LENTA

1. MATERIAIS: não há.

2. INSTRUÇÕES:
   a. dispor o grupo em duas filas paralelas;
   b. o Diretor dá um sinal para que os primeiros de cada fila apostem uma corrida. Ao retornarem, tocam na mão do parceiro seguinte e este continuará a corrida, até que todos passem pelo processo;
   c. vencerá aquele que chegar primeiro;
   d. em seguida, propõe-se a mesma corrida, modificando-se a consigna, ou seja, devem correr em "câmera lenta", sendo que o vencedor será aquele que chegar por último.

   Nota: Durante a corrida, não podem parar. Quando um pé estiver no chão, o outro, automaticamente, deverá ser levantado.
   O Diretor atua como juiz.

3. CLASSIFICAÇÃO:

1ª f.			2ª f.				3ª f. - R. T.		
A'	A/°	R/I	S'	P.S.	P.O/E	P.I.	P/P	I.P.	IG/E

52

DANÇA DE COSTAS

1. MATERIAIS: música com marcação rítmica.

2. INSTRUÇÕES:

    a. formam-se duplas, e estas juntam-se pelas costas;

    b. com a introdução da música, cada dupla deverá dançar de acordo com o ritmo, sendo que um deles comandará o movimento e outro o acompanhará;

    c. após um determinado tempo, inverte-se o comando;

    d. cada um deverá criar movimentos diferentes, da forma que quiser;

    e. trocar as duplas e repetir o processo;

    f. comentários.

3. CLASSIFICAÇÃO:

1ª f. - I. E.			2ª f. - R. E.				3ª f. - R. T.		
A'	A/º	R/I	S'	P.S.	P.O/E	P.I.	P/P	I.P.	IG/E

53

CABO DE GUERRA

1. MATERIAIS: não há.

2. INSTRUÇÕES:

a. cada participante deverá disputar um cabo de guerra com uma pessoa imaginária à sua frente;

b. o Diretor fornecerá consignas para o papel da pessoa imaginäria, que deverá ser complementada pelo participante. Exemplo: pessoa muito forte, fraca, agressiva etc.;

c. formar duplas e repetir o procedimento. Após um determinado tempo, aumentar o número de participantes (trios, quartetos etc.) até formar dois subgrupos distintos;

d. comentários.

3. CLASSIFICAÇÃO:

1ª f. - I. E.				2ª f. - R. E.			3ª f. - R. T.		
A'	A/°	R/I	S'	P.S.	P.O/E	P.I.	P/P	I.P.	IG/E

105

JOGO DA MÍMICA
(Telefone sem fio)

1. MATERIAIS: não há.

2. INSTRUÇÕES:

a. pede-se que um participante fique na sala, enquanto todos se retiram;

b. o Ego-Auxiliar faz uma mímica a essa pessoa, que deve observar atentamente, pois seu objetivo é reproduzi-la à pessoa seguinte. Além disso, deve tentar descobrir o que está sendo passado;

c. pode se movimentar, desde que não atrapalhe quem está fazendo a mímica, e sem verbalização;

d. as regras são dadas para cada participante que entra e repete-se o processo até o último, que deverá fazer a mímica para o grupo;

e. comentários gerais sobre o que cada um recebeu e reproduziu e, no final, o Ego-Auxiliar reproduzirá a mímica original para o grupo.

Nota: O Ego-Auxiliar deverá estar treinado para a mímica, pois deve repeti-la com precisão, no final do jogo (Exemplo: dar banho num elefante, construção de uma parede, plantar hortaliças etc.).

3. CLASSIFICAÇÃO:

1ª f. - I. E.			2ª f. - R. E.				3ª f. - R. T.		
A'	A/°	R/I	S'	P.S.	P.O/E	P.I.	P/P	I.P.	IG/E

JOGO DO EQUILÍBRIO

1. MATERIAIS: não há.

2. INSTRUÇÕES:
   a. em duplas, frente a frente;
   b. devem juntar os pés (ponta com ponta) e dar as mãos (um segura no pulso do outro);
   c. devem afastar-se gradualmente, sem perder o equilíbrio ou cair;
   d. procurar relaxar o corpo ao máximo, criando uma unidade de equilíbrio. A partir daí, podem criar movimentos, mantendo-se unidos;
   e. inverter os papéis com todos;
   f. comentários.

3. CLASSIFICAÇÃO:

1ª f. - 1. E.			2ª f. - R. E.				3ª f. - R. T.		
A'	A/°	R/I	S'	P.S.	P.O/E	P.I.	P/P	I.P.	IG/E

JOGO DA CAIXINHA

1. MATERIAIS: uma caixinha de papelão com tampa (com um objeto ou não).

2. INSTRUÇÕES:
a. o Diretor explica que mostrará uma caixinha (um a um) e cada participante deverá ver o que contém e "traduzir" através de mímica, para o grupo;
b. repete-se o mesmo procedimento para cada pessoa;
c. comentários sobre a experiência.

Nota: Pode-se introduzir um material, de preferência abstrato.

3. CLASSIFICAÇÃO:

1ª f. - I. E.			2ª f. - R. E.				3ª f. - R. T.		
A'	A/°	R/I	S'	P.S.	P.O/E	P.I.	P/P	I.P.	IG/E

57

JOGO DAS CANETAS

1. MATERIAIS: cinco canetas (podem ser iguais ou diferentes entre si), uma mesinha.

2. INSTRUÇÕES:

   a. o Diretor explica aos participantes que vai "escrever" números de 0 a 10 com as cinco canetas sobre a mesinha. Compete ao grupo descobrir *como* está sendo feito;

   b. à medida que cada um for descobrindo, comenta com o Diretor sem que os demais ouçam, a fim de não "contaminar" o jogo, podendo colaborar indiretamente;

   Nota: Distribuir as canetas sobre a mesinha utilizando-se de quaisquer formas (geométricas, assimétricas ou não), desde que não repetitivas. O *segredo* estará nos dedos da mão, ou seja, é o número de dedos sobre a mesa (0 a 10) que irá determinar. Exemplo: se o Diretor puser três dedos sobre a mesa, independente da distribuição das canetas, o número será três. Esse é um jogo que deve ser muito bem treinado pelo Diretor, devendo estar em campo relaxado, a fim de obter resultados eficazes;

   c. durante o jogo pode-se incluir "dicas" ao grupo (exemplo: não é um jogo de inteligência, não usa raciocínio, lógica ou pensamento; olhar o todo; o Diretor faz parte deste todo etc.), levando-os a perceber o "segredo";

   d. comentários sobre a experiência, principalmente as emoções.

   Nota: Este jogo suscita sentimentos como raiva, ódio, impotência, frustração, perda etc. e o Diretor deve ser hábil para o processamento destes materiais. Embora possa ser classificado também como um jogo de Sensibilização, recomenda-se sua aplicação somente em grupos que se encontram na segunda ou terceira fase da Matriz.

3. CLASSIFICAÇÃO:

1ª f. - I. E.			2ª f. - R. E.				3ª f. - R. T.		
A'	A/°	R/I	S'	P.S.	P.O/E	P.I.	P/P	I.P.	IG/E

109

PERCEPÇÃO DE SI E DO OUTRO

1. MATERIAIS: não há.

2. INSTRUÇÕES:
   a. em dupla, frente a frente;
   b. *senha*: cada um vai perceber o outro da forma que quiser, mas sem verbalização;
   c. após um determinado tempo, pede-se que fiquem de costas (um para o outro) e cada um vai descrever o que percebeu do outro;
   d. em seguida, pede-se que descreva a indumentária (vestimentas e acessórios) do outro. Ao término, viram-se de frente e verificam o que acertaram e o que não.

Nota: É um jogo que permite avaliar, em nível de diagnose, qual o nível de percepção de cada um e o que prevalece na psicodinâmica: *perceber, pensar ou sentir*, nos comentários.

3. CLASSIFICAÇÃO:

1ª f. - I. E.				2ª f. - R. E.			3ª f. - R. T.		
A'	A/º	R/I	S'	P.S.	P.O/E	P.I.	P/P	I.P.	IG/E

ALFÂNDEGA

1. MATERIAIS: não há.

2. INSTRUÇÕES:

   a. o objetivo de todos é passar pela alfândega. O Diretor explica que, para isso, todos levarão "algo", e é através disso que poderão passar ou não;

   b. grupo em círculo, sentados, iniciando pelo Diretor, em sentido horário;

   c. o grupo responderá sim ou não, de acordo com a percepção correta da senha escolhida. Por exemplo: se for determinado que só "passa" ao citar coisas que comecem com a inicial do nome de cada um, compete aos participantes descobrirem essa senha. *Exemplos de consignas*: última letra do nome, objetos de couro, uma peça do vestuário do colega à direita, uma peça feminina, derivados do leite etc.;

   d. os que descobrem, não revelam ao grupo, mas podem participar ativamente, facilitando nas respostas, através de dicas;

   e. término do jogo, quando todos descobrem a senha;

   f. comentários.

   Nota: É importante verificar se os participantes conhecem este jogo, evitando possíveis contaminações.

   O Diretor, após um determinado tempo de jogo, deve facilitar as respostas, procurando imprimir uma dinâmica ágil, visto que a produção de campo tenso é comum.

   Pode-se alterar o tema do jogo, mantendo-se as mesmas características: *Vou a Roma, posso?, Viagem à lua, cruzeiro marítimo* etc.

3. CLASSIFICAÇÃO:

1ª f. - I. E.				2ª f. - R. E.			3ª f. - R. T.		
A'	A/°	R/I	S'	P.S.	P.O/E	P.I.	P/P	I.P.	IG/E

60

JOGO DA TESOURA

1. MATERIAIS: uma tesoura.

2. INSTRUÇÕES:
   a. os participantes ficam sentados em círculo, voltados para dentro;
   b. mostra-se uma tesoura e explica-se que se pode passá-la de três formas: *aberta, fechada* ou *cruzada*, ao participante da direita (e assim por diante);
   c. o Diretor dirá se a forma que está sendo passada é certa ou não;
   d. o jogo prossegue até que todos descubram qual é a senha.

Nota: Os participantes que descobrirem não podem denunciar ao grupo, devendo ajudar o Diretor.

SENHA: O segredo está no movimento das pernas, ou seja, se estiverem abertas, fechadas ou cruzadas, é a forma que a tesoura deve ser passada.

N.B.: Pode-se utilizar de quaisquer objetos que possam reproduzir o movimento da tesoura (exemplo: canetas, palitos de churrasco etc.).

Obs.: Esse é um jogo muito conhecido e sua aplicação só é interessante se a maioria dos participantes o desconhece.

3. CLASSIFICAÇÃO:

1ª f. - I. E.				2ª f. - R. E.			3ª f. - R. T.		
A'	A/°	R/I	S'	P.S.	P.O/E	P.I.	P/P	I.P.	IG/E

61

DIÁLOGO GEOMÉTRICO

1. MATERIAIS: pranchas com desenhos geométricos, papel sulfite e canetas.

2. INSTRUÇÕES:
   a. o grupo elege uma pessoa que receberá uma prancha, onde deverá ditar o que ela contém da melhor forma possível, sem repetir as instruções e sem gesticular;
   b. cada participante ouve o ditado e reproduz graficamente na folha de sulfite, como entendeu. Não pode questionar nada;
   c. no final, a pessoa escolhida mostra a prancha ao grupo, para comparar o ditado.
   d. elege-se outra pessoa (com prancha diferente) e repete-se o mesmo processo.

   Nota: Quem dita não pode repetir a instrução, mas pode complementá-la.
   Não há resposta totalmente certa, pelo fato de depender da percepção e comunicação do emissor e do receptor. As pranchas podem ser feitas em grau crescente de dificuldade, podendo incluir várias formas geométricas.

Exemplo:

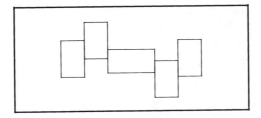

3. CLASSIFICAÇÃO:

1ª f. - I. E.				2ª f. - R. E.			3ª f. - R. T.		
A'	A/°	R/I	S'	P.S.	P.O/E	P.I.	P/P	I.P.	IG/E

113

JOGO DA BERLINDA

1. MATERIAIS: não há.

2. INSTRUÇÕES:
    a. o grupo elege um voluntário para sair da sala;
    b. ao grupo, o Diretor dá a seguinte senha: "Vocês farão um círculo bem fechado, utilizando-se do próprio corpo. A pessoa que saiu poderá entrar neste círculo. Veja o que vocês podem fazer";
    c. ao voluntário: "Você pode entrar naquele grupo, da forma que quiser";

    Nota: O Diretor deve ter o cuidado para que o grupo não ouça a instrução do voluntário e vice-versa, uma vez que a senha é *pode entrar*, e não necessariamente *deve entrar*.
    Deve-se verificar a conduta do grupo e da pessoa (agressividade, intolerância, permissividade etc.). Vale lembrar que os núcleos doentios de um grupo podem ser observados neste jogo (ameaça, persecutoriedade, onipotência, problemas de comunicação etc.).

    d. pode-se eleger outro voluntário e repetir o processo;
    e. comentários.

3. CLASSIFICAÇÃO:

1ª f. - I. E.				2ª f. - R. E.			3ª f. - R. T.		
A'	A/°	R/I	S'	P.S.	P.O/E	P.I.	P/P	I.P.	IG/E

RÓTULO

1. MATERIAIS: etiquetas adesivas e pincel atômico.

2. INSTRUÇÕES:

a. propor ao grupo a discussão de um tema (exemplos: A educação nos dias de hoje, Pena de morte: sim ou não?, a questão do poder nas relações humanas etc.) em que, ao final, deverão apresentar uma ou mais soluções para o problema. Terão 15 minutos para isso;

b. essa discussão, no entanto, será realizada de acordo com a consigna que cada pessoa levará na testa;

Nota: As consignas deverão ser preparadas antes de iniciar o jogo, preferencialmente com letras grandes para facilitar a leitura.

c. *Consignas: concorde comigo, agrida-me, discorde de mim, desconfie de mim, ignore-me* etc., ou: *sou sensato, mentiroso, superficial, agressivo, sensível* etc.;

d. após o tempo estipulado, verificar se o grupo apresentou soluções para o tema proposto;

e. comentários. Nessa etapa, verificar se todos sabem qual a sua consigna.

Nota: Geralmente, o grupo centraliza a atenção nas consignas, esquecendo-se da proposta inicial.

3. CLASSIFICAÇÃO:

1ª f. - I. E.				2ª f. - R. E.			3ª f. - R. T.		
A'	A/°	R/I	S'	P.S	P.O/E	P.I	P/P	I.P.	IG/E

BAZAR DE TROCAS

1. MATERIAIS: não há.

2. INSTRUÇÕES:

a. o Ego-Auxiliar (ou Diretor) monta um bazar (contexto dramático), onde vende-se de tudo. Esses artigos não são vendidos. Só podem ser obtidos mediante troca, isto é, o participante deve deixar coisas suas, de que queira se livrar;

b. compete ao E-A ou D verificar que tipo de coisas são pedidas e deixadas;

c. comentários.

Nota: O dono do bazar deve ser bem treinado, tornando-se incisivo e objetivo, quando necessário.

3. CLASSIFICAÇÃO:

1ª f. - I. E.				2ª f. - R. E.			3ª f. - R. T.		
A'	A/°	R/I	S'	P.S.	P.O/E	P.I.	P/P	I.P.	IG/E

BAZAR DAS EMOÇÕES

1. MATERIAIS: não há.

2. INSTRUÇÕES:

a. iguais à do *Bazar de trocas*, sendo que o bazar é mágico, como segue a senha:

"Como você sabe, este é um bazar mágico. Vendo tudo o que se possa imaginar, e até o que não se imagina. O que você gostaria de comprar?"

Nota: O Ego-Auxiliar (ou Diretor) deve oferecer o maior número de coisas, para ter melhor efeito na investigação da psicodinâmica de cada participante. "Como sabe, não aceito dinheiro. O que você pode me dar em troca?"

O Ego-Auxiliar (ou Diretor) deve estar atento para pedir uma quantidade de coisas, que julgar compatível com o pedido do indivíduo. Se, por exemplo, for muito racional, pede-se emoções etc.

b. comentários sobre a experiência.

N.B.: Este jogo dramático oferece uma série de recursos e riqueza de conteúdos, podendo produzir *insights* e oferecer dados significativos da dinâmica individual e grupal, mas depende do desempenho adequado do *dono do bazar*.

3. CLASSIFICAÇÃO:

1ª f. - I. E.				2ª f. - R. E.			3ª f. - R. T.		
A'	*A/º*	*R/I*	*S'*	*P.S.*	*P.O/E*	*P.I.*	*P/P*	*I.P.*	*IG/E*

66

JOGO DO ESPELHO

1. MATERIAIS: música com ritmos marcados.

2. INSTRUÇÕES:
   a. em duplas, frente a frente;
   b. um "comanda" os movimentos e o outro os reproduz com a maior fidelidade possível, como se estivesse frente a um espelho;
   c. após determinado tempo, invertem-se os papéis;
   d. o Diretor pode solicitar que alterem as duplas, permitindo que todos invertam com todos;
   e. comentários.

Nota: Neste jogo há a possibilidade de se averiguar a capacidade de inversão de papéis entre os participantes, embora esteja classificado como um jogo para a segunda fase da Matriz.

3. CLASSIFICAÇÃO:

1ª f. - I. E.			2ª f. - R. E.				3ª f. - R. T.		
A'	A/°	R/I	S'	P.S.	P.O/E	P.I.	P/P	I.P.	IG/E

67

JOGO DA CONFIANÇA

1. MATERIAIS: não há.

2. INSTRUÇÕES:

a. dois participantes, frente a frente, com uma distância física adequada para a inclusão de outra pessoa entre eles;

b. a pessoa a ser incluída deverá deixar o corpo retesado, sem dobrar as pernas e mantendo os pés firmes no chão. A partir daí, poder-se-á "jogar" para a frente e para trás, sendo que os outros dois deverão apoiá-lo com firmeza, sem deixá-lo cair;

c. permitir que cada participante passe pela experiência;

d. comentários.

Nota: É adequado aplicar este jogo somente em grupos que se encontram na segunda fase e se predispõem a um contato maior entre os participantes, para se trabalhar valores como confiança, responsabilidade e limites.

A aplicação indevida pode acarretar sentimentos como insegurança, medo etc.

3. CLASSIFICAÇÃO:

1ª f. - I. E.				2ª f. - R. E.			3ª f. - R. I.		
A'	A/º	R/I	S'	P.S.	P.O/E	P.I.	P/P	I.P.	IG/E

68

DANÇA COM A BOLA

1. MATERIAIS: bolas, música com ritmos variados.

2. INSTRUÇÕES:

   a. dividir o grupo em subgrupos de quatro a cinco elementos cada um;

   b. os elementos de cada subgrupo, sentados em círculo e voltados para dentro, receberão uma bola. Esta deverá ser movimentada de acordo com a música e as consignas dadas pelo Diretor;

   c. *consignas*:

   Sentados: com as mãos; com os pés; sentido horário; anti-horário; por trás do corpo;

   Em pé: com as mãos; com os pés; com os pés, mas sem deixar a bola cair; com o pescoço (entre o queixo e o tórax); embaixo do braço;

   Nota: Em alguns momentos, o Diretor pode solicitar que passem a bola de *olhos fechados*.

   d. após a experiência, repetir o mesmo processo com todo o grupo, podendo passar a bola alternando as pessoas, ou seja, o 1º entrega ao 3º, que entrega ao 5º e assim por diante;

   e. comentários.

3. CLASSIFICAÇÃO:

1ª I. - I. E.			2ª I. - R. E.				3ª I. - R. I.		
A'	A/º	R/I	S'	P.S.	P.O/E	P.I.	P/P	I.P.	IG/E

III — JOGOS DA 3.ª FASE
(RECONHECIMENTO DO TU)

Jogos correspondentes à 3.ª fase da Matriz de Identidade (RECONHECIMENTO DO TU — fase da INVERSÃO DE PAPÉIS) são jogos que envolvem trabalhos com duplas, trios, quartetos, até o grupo todo, que avaliam o nível de comunicação e integração entre os participantes. Geralmente, os jogos dramáticos que exigem a construção de personagens se enquadram nesta fase.

Nesta classificação, envolvem contato físico entre as pessoas, sem se tornarem ameaçadores. Denominamos de Jogos Sóciopsicodramáticos ou Jogos Grupais, visto que o Protagonista é o próprio grupo, sem deixar de avaliar a dinâmica de cada indivíduo. Há duas diretrizes: a inserção do indivíduo pelo indivíduo (EU COM O OUTRO) e a sua inter-relação com o grupo (EU COM TODOS). Trabalha-se, principalmente, com o role-playing e role-creating. Os tipos de Jogos Dramáticos são:

Jogos de Personagens ou Papéis: Apresentam a construção de personagens e/ou papéis (máquina, juiz, policial etc.) sem, contudo, haver a inversão de papéis, propriamente dita. Neste tipo avalia-se, principalmente, a percepção télica e a rede sociométrica entre os participantes.

Jogos de Inversão de Papéis: Abrange jogos em que há o desempenho de papéis, avaliando o nível de percepção e comunicação entre os indivíduos no processo de inversão. É a possibilidade de se colocar no lugar do outro e vice-versa, verdadeiramente.

Jogos de Identidade Grupal/Encontro: São jogos dramáticos grupais, com o intuito de promover a identidade e coesão grupal, podendo, em alguns momentos, atingir o "encontro", proposto por Jacob L. Moreno, que se traduz na fusão entre o Eu e o Tu de modo renovado, revitalizado e único.

A tabela abaixo

3.ª FASE:	RECONHECIMENTO DO TU	
Personagens ou Papéis	*Inversão de Papéis*	*Identidade Grupal/ Encontro*

será representada da seguinte forma:

3.ª f.:		R. E.
P.P.	*I.P.*	*I.G./E*

69

JOGO DOS ANIMAIS

1. MATERIAIS: papel e canetas.

2. INSTRUÇÕES:

a. cada pessoa escreve o nome de um animal, entrega ao Diretor que os mistura e redistribui entre os integrantes do grupo;

b. cada um deverá adotar o comportamento (atitudes) ou a personalidade do animal (impressão humanizada que cada pessoa tem);

c. o Diretor cria um espaço vivencial (contexto dramático). Ex: floresta com clareira, rio, cachoeiras etc.;

d. compete a cada participante descobrir o animal incorporado em cada um, através da própria dramatização;

e. comentários.

VARIAÇÃO: Pode ser feito com dois animais, ou seja, macho e fêmea, sendo que após a identificação cada um procura o seu parceiro.

3. CLASSIFICAÇÃO:

1ª f. - I. E.				2ª f. - R. E.			3ª f. - R. I.		
A'	A/°	R/I	S'	P.S.	P.O/E	P.I.	P/P	I.P.	IG/E

70

AUTOMECÂNICA

1. MATERIAIS: cadeiras ou almofadas (igual ao número de participantes), papéis com senhas (peças de carro).

2. INSTRUÇÕES:

a. grupo em círculo, sentados em cadeiras ou almofadas. Ao iniciar o jogo, retira-se uma cadeira;

b. entregar senhas com nome de peças de um carro, compatível com o número de participantes;

c. o Diretor vai relatar um passeio de carro durante o qual cita peças do mesmo;

d. a primeira peça (ao ser solicitada) entra no meio do círculo, caminhando. As outras "peças" vão se juntando para formar o carro;

e. quando o Diretor disser: "Fon-fon", o carro deve "desmanchar-se" e todos *voltam para a oficina automecânica*, procurando uma cadeira para sentar-se;

f. quem "sobrar" deve continuar o relato e assim por diante;

g. comentários.

3. CLASSIFICAÇÃO:

1ª I. - I. E.				2ª I. - R. E.			3ª I. - R. I.		
A'	A/°	R/I	S'	P.S.	P.O/E	P.I.	P/P	I.P.	IG/E

CRIAÇÃO *versus* DESTRUIÇÃO

1. MATERIAIS: almofadas de vários tamanhos ou material semelhante.

2. INSTRUÇÕES:

a. dividir em dois subgrupos (número igual de participantes): A e B;

b. *Subgrupo A*: "O objetivo de vocês é construir uma pirâmide, utilizando-se das almofadas que estão na sala. Vocês não poderão falar e nem utilizar de violência ou agressão física";

c. *Subgrupo B*: "O objetivo de vocês é destruir tudo que o outro subgrupo fizer. Não podem verbalizar nada durante o jogo";

Nota: o Diretor deve dar as consignas aos subgrupos, separadamente, evitando qualquer tipo de contaminação.

d. após um determinado tempo, parar o jogo e repetir as instruções aos subgrupos, invertendo-se os papéis, ou seja, o subgrupo B construirá, e o subgrupo A destruirá. Devem seguir o mesmo procedimento anterior;

e. comentários.

Nota: Neste jogo o Diretor deve estar atento para evitar situações que envolvam agressividade ou violência física, relembrando as regras e/ou parando o jogo, se necessário. Convém solicitar a retirada de sapatos e acessórios.

VARIAÇÃO: Pode-se dividir o grupo em números desiguais (sete de um lado e três, do outro, por exemplo).

3. CLASSIFICAÇÃO:

1ª f. - I. E.				2ª f. - R. E.			3ª f. - R. T.		
A'	A/°	R/I	S'	P.S.	P.O/E	P.I	P/P	I.P.	IG/E

72

GATO E RATO

1. MATERIAIS: não há.

2. INSTRUÇÕES:

    a. elege-se dois voluntários para ser o *rato* e o *gato*;

    b. o grupo, em pé, forma um círculo fechado (mas não estático), onde permanecerá o *rato*. Do lado de fora, o *gato*, que tem por objetivo caçar o *rato*;

    c. o *rato* pode sair do círculo, desde que se mantenha à sua volta; o *gato* pode tentar entrar por baixo dos braços dos participantes, desde que estes permitam;

    d. o jogo termina quando o *gato* caça o *rato*;

    e. inverter os papéis (gato *versus* rato) e repetir o jogo;

    f. repete-se a experiência com outros voluntários;

    g. comentários.

VARIAÇÃO: O grupo forma um *corredor*, sendo que o gato não pode entrar no meio. O rato tem toda a liberdade para se movimentar. Basta *tocar* no rato, que este já será considerado capturado.

3. CLASSIFICAÇÃO:

	1ª I. - I. E.			2ª I. - R. E.			3ª I. - R. I.		
A'	A/º	R/I	S'	P.S.	P.O/E	P.I.	P/P	I.P.	IG/E

JOGO DOS PAPÉIS COMPLEMENTARES

1. MATERIAIS: papel e canetas.

2. INSTRUÇÕES:

a. o Diretor prepara previamente papéis que contenham o nome de um papel profissional e/ou social e, em outros, o seu complementar (exemplo: médico *versus* paciente; policial *versus* ladrão; mãe *versus* filho; professor *versus* aluno etc.), de modo que forme pares. Por exemplo: num grupo de dez pessoas, deverá ter cinco papéis profissionais e cinco papéis complementares a estes;

Nota: Deve-se averiguar antecipadamente se o grupo forma duplas (número par).

b. distribui-se os papéis aos participantes, aleatoriamente;

c. através de mímica, cada participante deverá dramatizar o papel sorteado;

d. em seguida, cada um deverá procurar seu papel complementar, formando duplas. Após uma breve discussão, cada dupla deverá criar uma cena que será dramatizada e apresentada ao grupo;

e. se quiser, podem-se inverter os papéis;

f. comentários.

Nota: Este jogo dramático pode ser adaptado e/ou simplificado, verificando-se em qual fase da Matriz o grupo e/ou o indivíduo se encontra.

3. CLASSIFICAÇÃO:

1ª I. - I. E.				2ª I. - R. E.			3ª I. - R. I.		
A'	A/°	R/I	S'	P.S.	P.O/E	P.I.	P/P	I.P.	IG/E

JOGO DE MARIONETES

1. MATERIAIS: não há.

2. INSTRUÇÕES:
a. em duplas, frente a frente;
b. escolhe-se aquele que comandará os movimentos, inicialmente. Este deve conduzir o outro como uma marionete, ou seja, como se tivesse fios;

Nota: O condutor deverá manter a mesma distância entre suas mãos e as partes do corpo da marionete durante todo o jogo;

c. a pessoa que representa a marionete deverá realizar os movimentos com a maior fidelidade possível. Exemplo: movimentar braços, pernas, caminhar, sentar etc.;
d. após um determinado tempo, inverter os papéis;
e. trocam-se as duplas e repete-se o mesmo procedimento;
f. comentários.

3. CLASSIFICAÇÃO:

1ª f. - I. E.				2ª f. - R. E.			3ª f. - R. I.		
A'	A/°	R/I	S'	P.S.	P.O/E	P.I.	P/P	I.P.	IG/E

O JULGAMENTO

1. MATERIAIS: não há.

2. INSTRUÇÕES:
  a. Dividir o grupo em dois subgrupos. Explicar sobre a ação dramática em um tribunal. Um subgrupo representará os promotores públicos, e o outro, os advogados de defesa;

  Nota: Pode-se introduzir o Ego-Auxiliar para representar o papel do juiz ou da ré.

  b. "Estamos neste tribunal para julgarmos a ré, dona Maria, que na noite de anteontem foi flagrada com quatro pacotes de leite, um pote de margarina e um vidro de champignon em sua sacola, ao sair de um supermercado. Ela ofereceu resistência à prisão. Esta sessão terá dez minutos. Podem começar";
  c. após o tempo estipulado, solicita-se que invertam os papéis, ou seja, os promotores tornam-se advogados de defesa e vice-versa. *Tempo*: dez minutos;
  d. comentários.

  Nota: Neste jogo, o objetivo não é a sentença ou resolução do conflito. Verificam-se características como: percepção, comunicação, valores morais, capacidade de se colocar no lugar do outro (inversão de papéis) etc., de cada participante.

3. CLASSIFICAÇÃO:

1ª f. - I. E.				2ª f. - R. E.			3ª f. - R. T.		
A'	*A/°*	*R/I*	*S'*	*P.S.*	*P.O/E*	*P.I.*	*P/P*	*I.P.*	*IG/E*

76

ESCULTOR *versus* ESCULTURA

1. MATERIAIS: não há.

2. INSTRUÇÕES:
   a. dividir o grupo em dois: subgrupo A e B, com o mesmo número de participantes. Dispor em filas paralelas, um frente ao outro;
   b. *subgrupo A*: "Vocês representarão o papel de escultores. Por isso, poderão esculpir (modelar) o outro, da forma que quiserem";
   c. *subgrupo B*: "Vocês, no contrapapel, devem permitir a modelação, enquanto esculturas";
   d. após a escultura, inverte-se o comando dos subgrupos e repete-se o processo; e, depois, retoma-se a forma original, ou seja, o subgrupo A desempenha o papel de escultor e o B, de escultura, sendo que este último, após o comando do Diretor (através de uma piscada ou um toque), deverá imobilizar uma parte do corpo (a perna direita, por exemplo), oferecendo resistência;

   Nota: O Diretor, ao dar a consigna, deve ser rápido e discreto para que o outro subgrupo não perceba.

   f. inverte-se o comando e, desta vez, permite-se ao subgrupo imobilizar a parte do corpo que quiser; neste momento, pode-se dar a consigna na frente do outro subgrupo, desde que não possa ouvi-lo;
   g. comentários.

3. CLASSIFICAÇÃO:

1ª f. - I. E.				2ª f. - R. E.			3ª f. - R. T.		
A'	A/°	R/I	S'	P.S.	P.O/E	P.I.	P/P	I.P.	IG/E

O CONSTRUTOR CEGO

1. MATERIAIS: cartolina cortada em vários tamanhos e formatos, papel sulfite e papel-alumínio, tesoura, durex, cola e grampeador para cada dupla. Venda para os olhos e barbante para amarrar as mãos.

2. INSTRUÇÕES:

a. formar duplas, onde um representará o papel de um cego (com a venda nos olhos) e o outro ficará com as mãos atadas (amarrar as mãos para trás);

b. cada dupla deverá confeccionar um recipiente para armazenar água da chuva, imaginando-se que estão numa ilha deserta e árida e o prenúncio de um temporal se aproxima. Para isso, terão 15 minutos para a construção;

c. após o tempo estipulado, invertem-se os papéis da dupla e reinicia-se a confecção de outro recipiente;

Nota: Pode-se permitir ou não a construção completa do recipiente. Fica a critério do Diretor.

d. comentários.

VARIAÇÃO: Para verificar o nível de colaboração entre os participantes, dispor o grupo em forma circular e em duplas, apenas com a introdução de uma tesoura, um tubo de cola e durex, para uso comum, no centro do círculo.

3. CLASSIFICAÇÃO:

A°I. - I. E.			2°I. - R. E.				3°I. - R. I.		
A'	A/°	R/I	S'	P.S.	P.O/E	P.I.	P/P	I.P.	IG/E

78

O CARRO E O MOTORISTA

1. MATERIAIS: venda para os olhos.

2. INSTRUÇÕES:
   a. dividir o grupo em duplas;
   b. cada dupla escolhe um papel: de *carro* ou de *motorista*;
   c. *para o carro*: coloca-se a venda nos olhos. Enquanto carro, agirá de acordo com os sinais convencionados pelo Diretor e dirigidos pelo *motorista*;
   d. *para o motorista*: dirigirá o carro, de acordo com as consignas:
      * Dedo indicador no meio das costas, faz com que o carro ande para a frente.
      * Retirada do dedo indicador faz com que o carro pare.
      * A mão sobre o ombro direito faz com que o carro vire à direita.
      * A mão sobre o ombro esquerdo, vira o carro à esquerda.
      * As duas mãos sobre os ombros faz com que o carro vá para trás (ré).
   e. após um determinado tempo, inverter os papéis;
   f. depois, trocam-se as duplas;
   g. comentários.

3. CLASSIFICAÇÃO:

1ª I. - I. E.			2ª I. - R. E.				3ª I. - R. I.		
A'	A/°	R/I	S'	P.S.	P.O/E	P.I.	P/P	I.P.	IG/E

CEGO *versus* SURDO-MUDO

1. MATERIAIS: não há.

2. INSTRUÇÕES:
   a. em duplas. Cada um escolhe um papel (um é *cego* e o outro é *surdo-mudo*);
   b. cada um deve vivenciar o seu papel com a maior fidelidade possível; por exemplo: o cego pode falar, mas o surdo-mudo não pode ouvir ou falar;
   c. o objetivo do surdo-mudo é guiar o cego;

   Nota: Podem-se criar obstáculos utilizando objetos ou pessoas.

   d. inverter os papéis. Caso queira, podem-se trocar as duplas, posteriormente;
   e. comentários.

3. CLASSIFICAÇÃO:

1ª I. - I. E.			2ª I. - R. E.				3ª I. - R. T.		
A'	A/°	R/I	S'.	P.S.	P.O/E	P.I.	P/P	I.P.	IG/E

GUIA DO CEGO

1. MATERIAIS: almofadas, cadeiras etc.

2. INSTRUÇÕES:
   a. notifica-se ao grupo que deverá entrar na sala, um a um;

   Nota: O Diretor ou o Ego-Auxiliar conduz os participantes, especificando as regras, individualmente.

   b. *senha*: "Nós vamos fazer o jogo do GUIA DO CEGO. Para isso, há três regras básicas:
   1. Você ficará de *olhos fechados*;
   2. Vou conduzi-lo por este *espaço* (mostrar o contexto dramático); não se preocupe, pois não deixarei que se machuque em hipótese alguma;
   3. A partir do momento em que começarmos a andar, *você pode fazer o que quiser*";
   c. verificar se o participante compreendeu as regras e, em seguida, iniciar o jogo;
   d. conduzir vagarosamente, para que a pessoa se "localize", permitindo que explore, através do tato, objetos e partes da sala. No decorrer, "acelerar" os passos. Verificar a reação da pessoa. Ao término, permitir que o participante conduza o Diretor (ou E-A), repetindo todas as regras;
   e. o Diretor ou E-A ao ser conduzido pode criar interpolações de resistências (visto que pode fazer o que quiser — 3ª regra — *inclusive abrir os olhos*). Repetir o processo com todos;
   g. comentários.

3. CLASSIFICAÇÃO:

1ª f. - I. E.				2ª f. - R. E.			3ª f. - R. I.		
A'	A/°	R/I	S'	P.S.	P.O/E	P.I.	P/P	I.P.	IG/E

JOGO DAS PROFISSÕES

1. MATERIAIS: papel e canetas.

2. INSTRUÇÕES:

a. cada participante escreve uma profissão em um papel, mistura todos e redistribui;

b. as pessoas devem se "aquecer" no papel, construindo as características que fazem parte dessa profissão;

c. o Diretor explica que criará alguns ambientes, onde cada um desempenhará o papel, de acordo com o mesmo. Exemplos: dentro de uma cela de prisão; em um *hall* de hotel, em uma fila de ônibus; em uma festa, em um consultório etc.;

d. cada pessoa tentará descobrir a profissão da outra;

e. quem acertar, faz com que a pessoa saia do jogo.

Nota: Após a descoberta das profissões de todos, podem-se inverter os papéis, mantendo ou não as mesmas características apresentadas.

f. comentários.

3. CLASSIFICAÇÃO:

1.I. - I.E.				2.I. - R.E.			3.E. - R.T.		
A'	A/°	R/I	S'	P.S.	P.O/E	P.I.	P/P	I.P.	IG/E

JOGO DOS BALÕES

1. MATERIAIS: balões coloridos.

2. INSTRUÇÕES:

a. cada pessoa escolhe um balão, enche-o e depois deve explorá-lo livremente (...);

b. formam-se duplas e cada um apresenta o seu balão, através de mímica, de um modo criativo. Em seguida, a dupla "brinca" com seus balões. Após um determinado tempo, solicita-se que se despeçam do parceiro e procurem outra pessoa para formar nova dupla, repetindo o mesmo processo anterior;

c. após a troca de duplas, pede-se para formar trios, quartetos, até o grupo todo. A partir daí, todos devem jogar os balões para o alto, sem deixá-los cair. Caso ocorra, devem levantá-los imediatamente;

d. o Diretor vai retirando as pessoas, uma a uma, no decorrer do jogo (deve-se deixar o mínimo de pessoas, que consigam jogar os balões para cima);

e. em seguida, chama-as novamente;

f. posteriormente, retiram-se os balões, um a um, repetindo o mesmo processo anterior. No final, deixa-se apenas um balão. Nesse momento, introduz-se nova consigna: todos devem tocar no balão.

Nota: O movimento ideal é de que formem um círculo e o balão passe para cada pessoa.

N.A.: Este jogo dramático foi desenvolvido com o objetivo de passar pelas três fases da Matriz; entretanto, pode ser adaptado (reduzido) e aplicado na fase correspondente.

3. CLASSIFICAÇÃO:

1ª F. - I. E.			2ª F. - R. E.				3ª F. - R. I.		
A'	A/°	R/I	S'	P.S.	P.O/E	P.I.	P/P	I.P.	IG/E

A ORQUESTRA

83

1. MATERIAIS: não há.

2. INSTRUÇÕES:

a. após um breve relaxamento, pede-se aos participantes que concentrem sua atenção e evoquem uma música de sua preferência;

b. cada um deverá "ouvi-la" com precisão, até que consiga identificar o som de um instrumento musical que essa música contém, procurando intensificá-lo;

c. depois, deve visualizá-lo e, pouco a pouco, incorporá-lo, ou seja, através do próprio corpo, "ser" o próprio instrumento musical.

d. em seguida, emitir o som desse instrumento;

Nota: Até o presente momento não há contato entre eles.

e. cada um apresenta o "som" do seu instrumento e, em seguida, quem sentir-se à vontade vai juntando-se com os outros até que o grupo todo forme uma orquestra;

f. se quiser, pode-se solicitar ao grupo que escolha uma música e procure executá-la, enquanto instrumentos de uma orquestra.

Nota: Se não houver uma coesão grupal, assinalar aos participantes, fazendo com que consigam obtê-la através do conjunto de instrumentos.

g. comentários.

3. CLASSIFICAÇÃO:

1ª I. - I. E.			2ª I. - R. E.			3ª I. - R. I.		
A'	A/°	R/I	S'	P.S.	P.O/E	P.I.	P/P	I.P.	IG/E

84

JOGO DO NAUFRÁGIO

1. MATERIAIS: não há.

2. INSTRUÇÕES:

a. cada pessoa deve criar uma personagem e descrevê-la sucintamente ao grupo (sexo, idade, nome, profissão etc.);

b. o Diretor explica que todos vão participar de um pequeno cruzeiro marítimo. *Obs.*: Dependendo do número de participantes pode-se dizer que o navio não tem tripulação, pois é todo automatizado;

c. feito o aquecimento específico, as pessoas partem para a viagem. Após um determinado tempo, o Diretor explica que um temporal se aproxima e o navio vai de encontro aos recifes. Antes de afundar, entretanto, todos conseguem vestir o colete salva-vidas e dirigir-se para uma ilha, sem dificuldades;

d. começa a escurecer e devem providenciar um abrigo. Alguns estão com sede, outros com fome. A temperatura cai. Percebem que não há possibilidade de serem salvos;

e. no dia seguinte, por exemplo, pode-se providenciar o resgate dos participantes;

f. comentários.

Nota: O Diretor introduz consignas de acordo com a dinâmica do grupo, avaliando o comportamento de cada um frente ao inusitado. Características como liderança, passividade, controle, campo tenso, ansiedade etc. podem ser observadas.

3. CLASSIFICAÇÃO:

1ª f. - I. E.				2ª f. - R. E.			3ª f. - R. I.		
A'	A/º	R/I	S'	P.S.	P.O/E	P.I.	P/P	I.P.	IG/E

137

COLAGEM COLETIVA

1. MATERIAIS: sucata em geral e materiais diversos: papéis de vários tipos e tamanhos, cola, tesoura, durex, fita adesiva, algodão, fios e barbantes, tampinhas de garrafas, cortiça, isopor, macarrão, botões etc.

2. INSTRUÇÕES:
   a. apresentar os materiais numa caixa, explicando ao grupo que deverão montar uma paisagem, de forma coletiva;

Nota: A consigna *paisagem* pode ser modificada, de acordo com a necessidade do Diretor.

   b. compete ao Diretor observar a dinâmica do grupo durante o trabalho;
   c. ao término do trabalho, deverão escolher um título;
   d. comentários.

Nota: Neste jogo podem-se avaliar as características individuais, envolvendo todo o grupo, como por exemplo: competição, passividade, altruísmo, egoísmo, trabalho em conjunto, liderança etc., assim como perceber em que nível se encontram.

3. CLASSIFICAÇÃO:

1ª I.		I. E.		2ª I.	- R.	E.		3ª I.	- R.	T.
A'	A/°	R/I	S'	P.S.	P.O/E.	P.I.	P/P	I.P.	IG/E	

86

CONFRONTO

1. MATERIAIS: papel sulfite, canetas e fita adesiva.

2. INSTRUÇÕES:
   a. o grupo em círculo, sentado;
   b. cada pessoa vai dizer ao colega à sua direita o que não gosta nela. A outra não deverá responder nada, limitando-se apenas a ouvir. Segue-se até o último participante;
   c. em seguida, repete-se o mesmo processo, no sentido inverso, ou seja, ao colega da esquerda, até que todos falem;
   d. inicia-se novamente, só que dessa vez cada um diz o que gosta (primeiro no sentido anti-horário, depois no sentido horário);
   e. comentários breves de cada um;
   f. afixa-se uma folha de papel nas costas de cada participante, sendo que cada um deverá escrever uma mensagem positiva nas costas de todos;
   g. no final, cada um lê as suas e tenta descobrir os autores.

   Nota: É um jogo que permite avaliar as relações intragrupais, com o objetivo de reintegração do grupo. Avalia ainda a capacidade de tolerância à crítica e às diferenças individuais. Por isso, sua aplicação é aconselhável em grupos que se encontram na 3ª fase da Matriz de Identidade. Além disso, requer habilidade do Diretor para não resvalar em contexto terapêutico.

3. CLASSIFICAÇÃO:

1ª f. - I. E.				2ª f. - R. E.			3ª f. - R. I.		
A'	A/°	R/I	S'	P.S.	P.O/E	P.I.	P/P	I.P.	IG/E

CABRA-CEGA

1. MATERIAIS: não há.

2. INSTRUÇÕES:

a. em duplas, frente a frente, com os braços estendidos;

b. um coloca as mãos sobre as do outro parceiro. O objetivo daquele que está com as mãos em cima é descobrir, de olhos fechados, que tipo de emoção/sentimento o outro lhe passa. Para isso, podem movimentar-se à vontade, desde que não haja verbalização;

c. após um determinado tempo, a pessoa procurará acertar a resposta. O outro deverá confirmar ou não, verbalmente;

d. inverter os papéis, trocando a posição das mãos e repetindo o mesmo processo;

e. trocar as duplas, permitindo que todos passem pelo grupo;

f. comentários.

VARIAÇÃO: Grupo em círculo, inicia-se com um voluntário, que "passa" uma emoção ao colega da direita e este repassa ao seguinte, até a última pessoa. Depois, cada um comenta o que recebeu. O emissor confirma ou não. Repete-se o mesmo processo com todos os participantes.

3. CLASSIFICAÇÃO:

	1ª T. - I. E.				2ª T. - R. E.			3ª T. - R. T.		
A'	A/°	R/I	S'	P.S.	P.O/E	P.I.	P/P	I.P.	IG/E

88

JOGO DOS LENÇOS

1. MATERIAIS: não há.

2. INSTRUÇÕES:

a. "Existem lenços muito bonitos dentro desta sala. Procure o seu. Você vai saber qual é, pois tem uma cor, um tamanho e uma textura que é o seu perfil, a sua cara. Quem encontrar, poderá brincar com ele da forma que quiser";

Nota: Na verdade, não existem lenços. Esta proposta permite avaliar o nível de imaginação e criatividade de cada participante.

b. após um determinado tempo, observar se as pessoas brincam entre si, naturalmente. Caso contrário, propor a formação de duplas. Depois, trios, quartetos até juntar o grupo todo. Neste momento, solicitar ao grupo a montagem de um lenço único, grupal, continuando a brincar com ele;

c. em seguida, pede-se para cada um resgatar o próprio "lenço", verificando o que quer fazer com ele;

Nota: Cada um se "despede" da forma que quiser (guardar, oferecer a outro, jogar etc.).

d. comentários.

3. CLASSIFICAÇÃO:

1ª I. - I. E.			2ª I. - R. E.				3ª I. - R. I.		
A'	A/°	R/I	S'	P.S.	P.O/E	P.I.	P/P	I.P.	IG/E

O CARACOL HUMANO

1. MATERIAIS: não há.

2. INSTRUÇÕES:

    a. grupo em pé e em círculo; pede-se que dêem as mãos;

    b. o diretor entra no jogo segurando a mão de um participante, solicitando que este o acompanhe para a formação de um grande caracol humano;

    c. todos os outros o seguirão, mas devem acompanhar o movimento somente quando se sentirem puxados;

    d. o Diretor vai formando o caracol, lentamente. Ao término, "abre" um túnel, passando por baixo das mãos entrelaçadas, sendo que os participantes o acompanham até retornar à forma inicial, ou seja, em círculo.

    e. após um breve comentário das pessoas, de como se sentiram, propõe-se que um voluntário reinicie o processo todo, desta vez de olhos fechados;

    f. comentários.

3. CLASSIFICAÇÃO:

1ª f. - I. E.			2ª f. - R. E.			3ª f. - R. I.		
A'	A/°	R/I	S'	P.S.	P.O/E	P.I.	P/P	I.P.	IG/E

90

SENTAR EM GRUPO

1. MATERIAIS: não há.

2. INSTRUÇÕES:
    a. grupo em círculo, em pé, voltado para dentro;
    b. pede-se que todos virem para a direita, de modo que cada um fique de frente para as costas do colega, como em uma fila circular;
    c. cada um deve juntar a ponta dos pés nos calcanhares do colega à sua frente, colocando as mãos na cintura dele;
    d. o Diretor contará até três, pausadamente, e as pessoas devem sentar-se nos joelhos de quem está atrás, vagarosamente. Todos ao mesmo tempo;
    e. se alguém perceber que vai perder o equilíbrio, deve comunicar ao grupo, imediatamente. Tentar várias vezes até que consigam atingir o objetivo;
    f. quando houver um equilíbrio, uma coesão no grupo, o Diretor solicitará que todos soltem a mão direita e a levantem para o alto. Em seguida, a mão esquerda;

Nota: O grupo perceberá que o equilíbrio conjunto impede que alguém caia ao chão.

    g. finalmente, pede-se a todos que coloquem a mão na cintura do colega a sua frente e, após a contagem até três, por parte do Diretor, levantam-se todos juntos, vagarosamente;
    h. repete-se então o mesmo processo, porém, de olhos fechados;
    i. comentários.

Nota: Este jogo atinge bons resultados em grupos acima de 15 pessoas. Deve-se, ainda, distribuir as pessoas de acordo com peso e altura proporcionais, para que possam sentar-se com tranqüilidade.

3. CLASSIFICAÇÃO:

1ª f. - I. E.			2ª f. - R. E.			3ª f. - R. I.		
A'	A/°	R/I	S'	P.S.	P.O/E	P.I.	P/P	I.P.	IG/E

CRUZEIRO MARÍTIMO

1. MATERIAIS: papel sulfite, caneta.

2. INSTRUÇÕES:

a. cada participante deve criar um personagem de sua escolha. Depois, apresenta ao grupo as características principais: nome, idade, sexo, estado civil, profissão etc.;

b. após a caracterização, o Diretor avisa que todos farão parte de um cruzeiro marítimo, em um navio ultramoderno, todo automatizado e computadorizado (não há tripulação);

c. inicia-se a dramatização e, em determinados momentos, introduzem-se senhas (interpolação de resistência), através do Ego-Auxiliar, em forma de mensagens vindas da terra;

d. pode-se solicitar a Inversão de Papéis entre os personagens.

Nota: A Interpolação pode ser fornecida com o papel em branco ou com garranchos ilegíveis, permitindo-se avaliar a conduta dos participantes frente ao inusitado.

3. CLASSIFICAÇÃO:

1ª f. - I. E.				2ª f. - R. E.			3ª f. - R. T.		
A'	A/°	R/I	S'	P.S.	P.O/E	P.I	P/P	I.P.	IG/E

CENAS DO COTIDIANO

1. MATERIAIS: papel sulfite e canetas.

2. INSTRUÇÕES:

a. dividir o grupo em três subgrupos (com número igual de participantes), que aqui denominamos de: *A*, *B* e *C*;

b. cada subgrupo escreve uma história contendo uma cena do cotidiano com início, meio e fim (com o número de personagens igual ao de participantes);

c. o subgrupo *A* montará uma cena da sua história, de forma estática. O subgrupo *B* entra nos papéis de cada um e dá movimentos (dinâmico) sem verbalizações. O subgrupo *C* entra nos papéis, dá os movimentos e verbalização aos personagens;

d. este processo se repete nos três subgrupos,

ou seja, A → cena estática

        B → cena com movimentos

        C → cena com verbalização e movimento

B → estática

C → movimento

A → verbalização e movimento

        C → estática

        A → movimento

        B → verbalização e movimento

e. verificar o que foi alterado da cena original. Se quiser, pede-se a demonstração da imagem inicial de cada subgrupo;

f. comentários acerca da experiência.

3. CLASSIFICAÇÃO:

1ª f. - I. E.				2ª f. - R. E.			3ª f. - R. T.		
A'	*A/°*	*R/I*	*S'*	*P.S.*	*P.O/E*	*P.I.*	*P/P*	*I.P.*	*IG/E*

O CORPO DE GAYA

1. MATERIAIS: almofadas, papel celofane, papelão, lenços coloridos, música, etc.

2. INSTRUÇÕES:
   a. o Diretor relata ao grupo: "Os antigos gregos chamavam o nosso planeta de GAYA. Este era uma entidade viva e atuante. Era o princípio da grande Deusa-mãe, a doadora da vida. Para isso, imaginem o nosso planeta como um grande corpo vivo."

   Nota: Introduzir uma música suave, de relaxamento.

   "Caminhem pela sala e, aos poucos, criem uma imagem... pensem na relação deste planeta com o sistema ao qual pertence (sistema solar, satélite, tamanho, forma, cor etc.)... Pensem em tudo que existe nele (mares, montanhas, animais, cidades, avenidas, ruas, pessoas etc.)."

   Após o aquecimento, retirar a música.

   b. a partir deste momento, o Diretor solicita que o grupo crie uma única imagem, através do próprio corpo de cada um, que represente o corpo de Gaya. Esta imagem poderá ter sons e movimentos e podem-se utilizar os recursos materiais disponíveis;

   c. após a construção da imagem, solicitar que alguém do grupo a explique. Repete-se a dramatização e, em função da imagem criada, introduzir-se interpolações de resistência para avaliar a conduta do grupo. Por exemplo: chuva de meteoritos, terremoto, calor, um líder tirano etc.;

   Nota: Neste jogo convém a introdução de um Ego-Auxiliar.

   d. pode-se sugerir a Inversão de Papéis entre eles;
   e. comentários.

3. CLASSIFICAÇÃO:

1ª f. - I. E.				2ª i. - R. E.			3ª i. - R. T.		
A'	*A/°*	*R/I*	*S'*	*P.S.*	*P.O/E*	*P.I.*	*P/P*	*I.P.*	*IG/E*

94

QUALIDADES DE UM LÍDER

1. MATERIAIS: papéis e canetas.
2. INSTRUÇÕES:
   a. os participantes devem discutir e levantar as qualidades que acreditam ser inerentes a um verdadeiro líder. Essas deverão ser registradas numa folha de papel;
   Nota: A quantidade dessas características deve ser igual à metade do número de participantes (exemplo: se o grupo tiver 12 pessoas, deverão ser apresentadas seis características);
   b. após a discussão, cada participante escolherá alguém para formar uma dupla e uma característica a ser representada;
   c. cada dupla criará uma imagem, utilizando-se do próprio corpo para demonstrar o atributo escolhido. Após a apresentação de todos, permite-se que as duplas experienciem a imagem de cada uma, podendo contribuir com sugestões para mudanças, desde que aprovadas pela dupla original;
   d. ao final, o grupo deverá construir uma imagem única com todas as características apresentadas, podendo definir, então, o conceito e as qualidades de um verdadeiro líder;
   e. comentários.

Nota: O Diretor deve verificar, na imagem grupal, se há ligação entre as características, já que são inerentes ao papel do líder.

A seguir, algumas características: seguro de si, sincero, eficaz, disponível, catalisador, juízo maduro, otimista, acolhedor, corajoso, sociável, confia nos outros, responsável e democrático.
Nota: Após a construção da imagem grupal, o Diretor pode levantar as características consideradas relevantes e que não foram questionadas. Com isto, pode-se acrescentá-las ou discuti-las ao final do jogo.

3. CLASSIFICAÇÃO:

1ª f. - I. E.				2ª f. - R. E.			3ª f. - R. I.		
A'	$A/^o$	R/I	S'	*P.S.*	*P.O/E*	*P.I.*	*P/P*	*I.P.*	*IG/E*

CONSTRUÇÃO DE UMA CIDADE

1. MATERIAIS: não há.

2. INSTRUÇÕES:
a. cada participante deverá escolher um personagem que faça parte de uma comunidade (exemplo: juiz, médico, comerciante, policial etc.);

Nota: O Diretor deve aquecer cada participante com o personagem escolhido.

b. pede-se que "construam" a cidade, sendo que cada um deverá atuar no papel escolhido;
c. no decorrer da dramatização, pode-se utilizar de Interpolação de Resistência, seja através de Egos-Auxiliares ou Egos-naturais e Inversão de Papéis;
d. comentários.

Nota: Neste jogo dramático podem-se avaliar os valores morais e sociais e as conservas culturais dos participantes.

3. CLASSIFICAÇÃO:

1.ª I. - I. E.				2.ª I. - R. E.			3.ª I. - R. I.		
A'	A/º	R/I	S'	P.S.	P.O/E	P.I.	P/P	I.P.	IG/E

JOGO DO DETETIVE

1. MATERIAIS: papéis para sorteio (assassino e vítimas-detetives).

2. INSTRUÇÕES:

a. o grupo escolhe um local onde todos possam estar juntos (exemplo: saguão de um hotel, festa de aniversário, salão de danças, coquetel etc.);

b. cada participante deverá escolher e criar um personagem para representar, dentro desse contexto. O Diretor deverá "entrevistar" cada um, a fim de que todos possam se "identificar";

c. distribuem-se os papéis (vítimas ou assassino);

d. *Assassino*: mata as pessoas por meio de uma piscada, de forma discreta. Seu objetivo é matar sem ser descoberto e eliminar o maior número de pessoas;

e. *Vítima-Detetive:* enquanto vítima está potencialmente exposto a morrer. Enquanto detetive, deve descobrir quem é o assassino.

Se a vítima-detetive descobrir o assassino, deve dar um leve toque em seu ombro ou braço (se for descoberto, o assassino deve se entregar, levantando a mão). Se a vítima receber a piscada, deve circular e, após um determinado tempo, morrer. Após alguns minutos, levanta e sai do jogo, "confirmando" sua morte;

f. inicia-se a dramatização, após as explicações das regras. Termina o jogo quando o assassino for descoberto.

Nota: Extremamente enriquecedor se o jogo puder ser repetido outras vezes, com "assassinos" diferentes.

3. CLASSIFICAÇÃO:

1:I. - I. E.				2:I. - R. E.			3:I. - R. I.		
A'	A'º	R/I	S'	P.S.	P.O/E	P.I.	P/P	I.P.	IG/E

CONSTRUÇÃO DE UMA MÁQUINA

1. MATERIAIS: não há.

2. INSTRUÇÕES:

a. o grupo, de comum acordo, escolhe uma máquina (que exista e funcione) e cada participante deverá ser uma peça ou parte desta máquina;

b. inicialmente, deverão montá-la utilizando o próprio corpo, de modo estático. Com o auxílio de um Ego, cada participante poderá se "ver" de fora (técnica do ESPELHO). O grupo poderá modificar a "máquina" até satisfazer a todos;

c. depois de pronta, deverão fazê-la funcionar. Após um determinado tempo, pode-se repetir o procedimento anterior, ou seja, solicitar que o Ego se coloque no lugar de cada um;

N.B.: Após a montagem, o Diretor deve observar o nível de entrosamento entre os participantes, isto é, se a máquina está realmente completa (desde tomadas, por exemplo, conexões entre as peças, até o seu funcionamento).

d. podem-se inverter os papéis, ou seja, permitir que as pessoas troquem de lugar (peças);

e. comentários sobre a experiência.

3. CLASSIFICAÇÃO:

1ª I. - I. E.				2ª I. - R. E.			3ª I. - R. I.		
A'	A/°	R/I	S'	P.S.	P.O/E	P.I.	P/P	I.P.	IG/E

98

ENGRENAGEM

1. MATERIAIS: não há.

2. INSTRUÇÕES:
   a. o Diretor dá a seguinte consigna ao grupo: "Todos farão parte de uma engrenagem. Este espaço (contexto dramático) será o *espaço* desta engrenagem. Cada um vai ocupá-lo da forma que achar melhor e sem verbalização";
   b. após um determinado tempo, acrescenta: "Vão formando o que será a *sua* engrenagem";

Nota: O Diretor pode solicitar ao grupo outras características durante o jogo, caso haja necessidade (exemplo: sons, música, movimentos etc.).

   c. ao término da montagem, propor a inversão de papéis entre o grupo;
   d. comentários.

3. CLASSIFICAÇÃO:

1ª I. - I. E.				2ª I. - R. E.			3ª I. - R. I.		
A'	A/°	R/I	S'	P.S.	P.O/E	P.I.	P/P	I.P.	IG/E

JOGO DO CÍRCULO

1. MATERIAIS: não há.

2. INSTRUÇÕES:
  a. todos em pé, em círculo (voltados para dentro), de mãos dadas;
  b. o Diretor dá a seguinte consigna: "Vocês devem ficar *de costas para o círculo, sem soltar as mãos e nem ficar com os braços cruzados.* Durante as tentativas *não podem passar por cima dos braços".*
  Num primeiro momento, tentarão *sem verbalização*;
  c. após um determinado tempo, permitir a verbalização;
  d. término do jogo, quando a solução for encontrada;
  e. comentários.

Nota: Aos participantes que conhecem o jogo solicita-se a participação indireta, ou seja, podem criar "resistências" ou acompanhar o grupo em busca da solução.

VARIAÇÃO: Pode-se iniciar o jogo, com as pessoas dando-se as mãos, de forma cruzada, isto é, cruzam-se os braços, desde que, ao final, o grupo termine com as mãos dadas, *voltados para dentro*.
  Solução: Um dos participantes deverá passar por baixo das mãos de seu colega à direita, sendo que o grupo o acompanhará, até que o "círculo" seja formado.

3. CLASSIFICAÇÃO:

1ª I. - I. E.				2ª I. - R. E.			3ª I. - R. I.		
A'	*A/°*	*R/I*	*S'*	*P.S.*	*P.O/E*	*P.I.*	*P/P*	*I.P.*	*IG/E*

100

SUBGRUPOS EM GRUPO

1. MATERIAIS: não há.

2. INSTRUÇÕES:

   a. o grupo em pé e em círculo. O Diretor solicita que caracterizem o grupo, nesse momento. (Exemplo: um grupo de gerentes, de ambos os sexos, na sala de treinamento, da empresa tal ...);

   b. a partir daí, o Diretor sugere que podem dividir-se em dois subgrupos e espera as sugestões do próprio grupo. (Exemplo: fumantes *versus* não fumantes, homens *versus* mulheres, casados *versus* solteiros etc.);

   c. o Diretor solicita então que dividam os subgrupos (um para cada lado da sala) e dá a seguinte senha: "Vocês deverão mandar uma mensagem para o outro subgrupo, da forma que quiserem: dramatização, mímica, cantado, enfim, usem e abusem da criatividade, ligados ao tema";

   d. após a apresentação de cada subgrupo, reúne-se o grupo todo novamente e formam-se mais dois subgrupos e assim por diante.

   Nota: No decorrer do jogo, pode-se subdividir o grupo em três, quatro ou mais subgrupos, podendo-se incluir características pertinentes aos objetivos propostos.

3. CLASSIFICAÇÃO:

1.I. - I. E.				2.I. - R. E.			3.I. - R. T.		
A'	A/º	R/I	S'	P.S.	P.O/E	P.I	P/P	I.P.	IG/E

5

JOGOS NA MONTAGEM DE PROGRAMAS

O profissional que trabalha com grupos pode montar programas específicos, utilizando somente *Jogos Dramáticos*. Para atingir os seus objetivos deve respeitar a realidade da Empresa/Instituição, assim como os critérios que envolvem os jogos, adaptando-os e/ou modificando-os, de acordo com as necessidades.

A montagem de programas deve considerar, *a priori*, a apresentação do Diretor e dos participantes. Nesse caso, podemos nos utilizar de jogos para esse fim, evitando a repetição verbal, pois isso pode transformar-se em algo cansativo e desmotivador.

Em seguida, verifica-se quais são as expectativas dos participantes com relação ao Diretor e ao programa estabelecido. Considero isso de extrema importância, pois permite avaliar o grau de interesse, motivação e participação do grupo. A partir daí, o Diretor explica sua proposta de trabalho, correlacionando-a com as expectativas dos participantes e formalizando o contrato.

O uso de jogos deve respeitar a fase de desenvolvimento do grupo, ou seja, parte-se da sensibilização à identidade grupal, de acordo com os objetivos propostos pelo Diretor.

Os jogos aqui mencionados encontram-se no Capítulo 4 deste livro. Descrevo somente a dinâmica dos trabalhos feitos, evitando, assim, a repetição das instruções e classificação.

A seguir, passo a descrever a montagem e a aplicação de programas nas áreas organizacional, escolar e clínica.

Poderiam ser descritos vários programas, mas registro apenas algumas de minhas experiências, pois deixo ao profissional a tarefa de desenvolver e criar seus próprios programas, utilizando sua espontaneidade e criatividade.

155

I — Programa adaptado à Empresa/Instituição

Exemplo:

Foi aplicado um Treinamento em nível gerencial, numa empresa de grande porte, onde o objetivo era promover a integração, desenvolver a comunicação e trabalhar competição *versus* cooperação. Este trabalho totalizou dezoito horas.

PROGRAMA

1. Apresentação do Diretor e do Ego-Auxiliar

De modo formal, apresentando o papel profissional de cada um e o convite feito pela empresa.

2. Levantamento das expectativas

Neste item, o grupo mostrou-se resistente ao trabalho que seria desenvolvido, em função das interferências freqüentes por parte da Diretoria nos trabalhos anteriores. Além disso, estavam cansados de treinamentos e cursos muito teóricos com debates, projeção de *slides* e uso de *flip-charter*.

Outra característica apresentada pelo grupo referia-se a uma expectativa muito grande em relação ao trabalho, mas com resistências, uma vez que os resultados acabavam sempre se dispersando.

3. Objetivos e Contrato

Foi explicado ao grupo que não seria permitida a entrada de outras pessoas que não fossem participantes, além de garantir o sigilo e o respeito a todos. Isso fez com que diminuísse o grau de tensão.

O programa destinado a eles seria dinâmico, envolvendo muitas atividades, com o objetivo de trabalhar a dinâmica inter-relacional. Aproveitando esta lacuna, propus que nos apresentássemos de um modo diferente do trivial.

4. Apresentação: Jogo do Novelo

Neste jogo, do qual fiz parte, juntamente com o Ego-Auxiliar (E-A), solicitamos ao grupo que cada um dissesse seu nome, papel profissional, duas qualidades e duas manias. No final, pedimos que levantassem as mãos para verificar o "desenho" que se estabeleceu. Curiosamente, formou-se um emaranhado de fios e alguns participantes afirmaram que aquilo representava, simbolicamente, a expectativa com relação ao trabalho. Propus que desfizéssemos esses fios, retornando, um a um, e apresentando a pessoa anterior. A maioria das pessoas conseguia lembrar-se somente do nome, do papel profissional e das manias.

O jogo em si criou uma descontração no grupo, além da curiosidade e oportunidade de se conhecerem melhor. Todavia, não pude deixar de perceber que eles tiveram muitas dificuldades em "ver" as qualidades dos outros. Algumas pessoas assinalaram que a forma dinâmica de apresentação tinha sido muito agradável.

5. Jogo do Andar

A introdução desse jogo tinha por objetivo levá-los a uma sensibilização maior e descoberta de si mesmos. Antes de trabalhar as relações de corredor e os ruídos de comunicação, foi necessário avaliar cada indivíduo.

Nos *Comentários*, alegaram que a possibilidade de experimentar várias formas de andar produziu uma sensação de bem-estar ao grupo.

Nesse momento, não havia mais a resistência ao trabalho. Estavam interessados em saber como prosseguiria o programa.

6. Jogo dos Balões

Durante o jogo, pudemos perceber que, inicialmente, as pessoas resgataram o aspecto lúdico a que os próprios balões nos reportam. O ato de despretensiosamente apresentar e brincar com o outro produziu um campo relaxado em todos.

A introdução da consigna: *"não permitam que nenhuma bexiga caia no chão"* produziu respostas diferenciadas. Alguns tentavam levantá-las com tal concentração que impediam a aproximação de outras pessoas; outros, preocupavam-se somente com a "sua" bexiga.

Mesmo quando retiramos algumas pessoas, as que permaneceram no contexto dramático não perceberam que estavam em menor número, tamanha era a concentração no jogo.

A retirada posterior das bexigas, deixando apenas uma, fez com que todos "lutassem" para tocá-la.

Após a aplicação, seguiram-se os *Comentários* a respeito do jogo. Nessa ocasião, pôde-se avaliar a dinâmica real do grupo. Considerando-se os participantes como um todo, no momento em que o Diretor retirou as bexigas, deixando somente uma, tiveram dificuldades em cumprir a consigna, pois estavam centrados em si mesmos. Não houve, nesse momento, cooperação e comunicação, visto que uma das soluções consistia em formar um círculo e passar a bexiga, um a um.

No *Processamento*, evidenciou-se as diferenças individuais que existiam em cada grupo, ou seja, cada participante tinha uma forma de sentir, perceber e pensar. O aspecto de maior relevância, todavia, referia-se ao respeito a essas diferenças dentro da inter-relação grupal.

Nesse jogo foi possível identificar a dificuldade de comunicação, a não-colaboração e a falta de integração entre eles. Antes de se trabalhar com a comunicação, havia a necessidade de sensibilizá-los para tais fatos. Outro fator relevante referia-se à dificuldade de percepção. As relações estavam cristalizadas de tal modo, que impediam uma percepção télica entre si.

Mediante tais fatos, era necessário o uso de jogos que ampliassem tais dificuldades para o direcionamento do trabalho em si.

7. Jogo: Percepção de Si Mesmo e do Outro

No jogo, as pessoas formaram duas filas paralelas (A e B), de tal forma que ficaram frente a frente.

Cada um observava atentamente o colega à sua frente e, a pedido do Diretor, viravam-se de costas efetuando uma mudança visual qualquer. Exemplo: prender os cabelos, soltar o cadarço de um sapato, retirar o relógio do pulso, trocar o anel de dedo etc. Em seguida, viravam-se de frente para tentar identificar a diferença.

A cada nova modificação, o número de pessoas que a percebia foi diminuindo. Em determinado momento, solicitei a cada fileira que efetuasse quatro mudanças.

Instruí secretamente a fileira A para que não alterasse nada, enquanto a fileira B acreditava que as alterações eram feitas por todos. Ao se defrontarem, a fileira B "percebeu" as quatro mudanças que não existiam.

Nos *Comentários*, perceberam as dificuldades durante o jogo e alguns conseguiram estabelecer uma ponte com o papel profissional, ou seja, denotaram uma grande preocupação com o seu desempenho, pois tiveram dificuldades em perceber corretamente o outro.

No *Processamento* reforçamos tais dificuldades, enfatizando que só é possível perceber o outro de modo adequado, se nos percebermos primeiro. Na última parte do jogo, onde notaram mudanças nos outros sem ter havido, evidenciou-se o problema de percepção. A consciência dessas defasagens foi o primeiro passo para prosseguirmos com o nosso trabalho.

Em função dessa sensibilização, propusemos outro jogo dramático com o objetivo de internalizar tais aspectos.

8. Jogo das Atividades Complementares

Inicialmente introduzimos papéis sociais e seus complementares, através de mímica. Exemplo: garçom *versus* freguês, vendedor de loja *versus* comprador, médico *versus* paciente etc. Nessa primeira etapa, algumas pessoas demonstraram dificuldades em perceber corretamente o papel desempenhado. À medida que repetiam-se as dramatizações, os participantes começavam a identificar os papéis com mais rapidez.

Na segunda etapa do jogo introduzimos papéis profissionais ligados à realidade de cada um. Com isso, os participantes tornaram-se mais espontâneos e as dificuldades foram diminuindo.

Nos *Comentários*, enfatizaram que a representação de alguns papéis profissionais não foi de fácil identificação. Outros, porém, apesar da facilidade, não se sentiram confortáveis para efetuar o papel complementar. Mediante tais fatos, assumiram que havia muitos problemas de relacionamento entre si, através de competição, juízo de valores e relações em corredor.

No *Processamento*, reafirmamos tais aspectos e conflitos, evidenciando as relações transferenciais que havia no grupo. O prejulgamento e os valores preconcebidos impediam ao grupo uma percepção télica saudável. O fato de representarem papéis de sua realidade profissional facilitou a identificação de seus conflitos, isto é, durante a dramatização algumas pessoas resistiram à complementação do papel representado, pois denunciava os aspectos emocionais negativos já cristalizados em suas relações.

Frente a esses dados, modifiquei a estrutura do programa. Apliquei outro *jogo dramático*, com o intuito de primeiro resolver tais conflitos, pois o jogo a ser aplicado em seguida seria o *Jogo da Mímica*, que não caberia nesse momento.

9. Jogo: Subgrupos em Grupo

Num primeiro momento, solicitei a formação de dois subgrupos, onde envolviam papéis sociais: fumantes *versus* não fumantes; homens *versus* mulheres; motoristas *versus* pedestres; casados *versus* solteiros etc. Receberam como consigna que cada subgrupo deveria apresentar sua mensagem, de modo bem-humorado e criativo. Isso despertou respostas interessantes e surpreendentes. Com isso, pudemos notar que o grupo estava começando a se soltar, tornando-se mais espontâneo.

Em seguida, a proposta foi mais dirigida, ou seja, as consignas foram escolhidas pelo Diretor e estavam relacionadas com o papel profissional. A pergunta sempre seria a mesma: "No desempenho de sua função, você se considera mais ...... ou ....?". Os participantes deveriam optar pela alternativa que mais se aproximasse da sua realidade. Exemplos: expansivo *versus* retraído; seguro *versus* inseguro; excelente comunicador *versus* comunicação a desejar etc.

Durante o jogo, muitos se surpreenderam com a opção de escolha entre si, embora na discussão, para posterior apresentação das mensagens, houvesse uma identificação muito rápida acerca do tema.

Nos *Comentários*, todos estavam ansiosos para falar. Na primeira parte do jogo os participantes foram unânimes em afirmar que foi muito bom, pois havia um certo tempo que o grupo não se entendia. Sempre existiu muitas relações de corredor (panelas, clichês) e competição. O jogo em si permitiu a todos perceberem que muitas das formações de subgrupos causou surpresa, pois julgavam-se e rotulavam-se com muita facilidade, não permitindo conhecer o outro. A discussão propiciou uma percepção correta do outro.

Ao comentarem sobre a segunda parte, isso tornou-se evidente. Muitos tinham uma imagem negativa de determinadas pessoas e descobriram, durante o jogo, que estavam equivocados. Permitimos então que, nesse momento, pudessem trocar suas impressões, frente a frente. Foi emocionante! Pela primeira vez o grupo permitiu uma relação mais honesta. Inclusive uma supervisora comentou que, além do problema de percepção, havia uma dificuldade de comunicação entre eles, acentuando uma disputa e levando-os a competir entre si.

No *Processamento*, demonstramos aos participantes a satisfação de terem caminhado juntos para uma percepção real nas inter-relações, permitindo se aprofundarem nos conflitos que ainda existiam no grupo, como foi citado por uma supervisora e comprovado por eles.

Reafirmamos que o jogo dramático proposto tinha por objetivo eliminar as relações de corredor, visto que a formação de subgrupos através de consignas permitia o conhecimento real entre eles. Além disso, características como integração, comunicação, espontaneidade e criatividade foram identificadas e trabalhadas.

As relações transferenciais estavam sendo substituídas pelo fator tele. O grupo estava em campo relaxado, demonstrando um grau de espontaneidade que, até então, não havia. A partir daí, foi proposto outro jogo dramático que evidenciasse a dificuldade de comunicação.

10. Jogo da Mímica

Foi solicitado que apenas uma pessoa ficasse na sala. O Ego em seguida dramatizou, através de mímica, um elefante sendo lavado por uma pessoa. Competia ao participante observar e repassar o que percebeu ao seguinte e assim por diante.

Até o final do jogo a mímica sofreu completa alteração. Os participantes divertiram-se com as mudanças e, ao mesmo tempo, perceberam onde o seu colega anterior modificava sua "mensagem". No final, a última pessoa fez a mímica para o grupo.

Nos *Comentários*, solicitamos que cada um falasse o que fez e o que achava que havia transmitido. O último afirmou que estava com uma mangueira de água regando uma floresta. O primeiro captou a mímica como sendo uma pintura de parede. As respostas entre eles foram as mais diversas: lavando um caminhão, pintando colunas de mármore, lavando um banheiro, pregando uma tela, regando vasos numa estufa etc.

Solicitei, então, que o Ego repetisse a mímica inicial, a fim de que o grupo pudesse decifrar o que estava sendo feito. Ao final, como ninguém conseguiu descobrir, revelamos a mímica.

No *Processamento*, a ênfase recaiu sobre o modo como cada um percebeu e comunicou. Pôde-se notar que cada pessoa imprimia características próprias, ampliando ou reduzindo a mímica.

Neste jogo, evidenciamos a importância da comunicação, visto que esta depende da clareza na emissão e recepção da mensagem. A substituição da comunicação verbal pela não-verbal denunciou tais aspectos.

O grupo compreendeu o objetivo do jogo e o correlacionou com as dificuldades encontradas no dia-a-dia. Alguns exemplificaram situações em que tais ruídos comunicacionais produziram conflitos expressivos entre eles.

Nosso trabalho, a partir disso, consistiu em aprofundar e resolver essas dificuldades. Para isso, utilizamos outro jogo dramático.

11. Jogo: Construção de uma Máquina

Após a discussão, os participantes chegaram a um consenso de que a máquina a ser "construída" seria uma máquina de lavar roupas. Dividiram-se em "peças", da seguinte forma: três pessoas, de mãos dadas, representariam as hélices; quatro pessoas formariam a cuba; uma seria o motor; cinco, a caixa; uma, o painel; uma representaria a mangueira de água e a última, a tampa da máquina.

Após a construção, não havia ligação entre eles. Além disso, todos falavam ao mesmo tempo. Solicitei, então, que o E-A "entrasse" no lugar de cada um, para que observassem de "fora" e avaliassem se a máquina estava de acordo com a sua preferência. Como não houve discordância, pedimos que fizessem a máquina "funcionar".

Foi interessante observar que, além da desconexão das peças (representadas por eles), estas falavam. Com a consigna para retirarem a comunicação verbal, já que as peças não falam, tiveram muitas dificuldades para colocá-la em funcionamento.

Após algumas tentativas, um dos participantes denunciou a falta de ligação entre eles. A partir daí, tentaram estabelecer "sinais" para que a máquina funcionasse. Isso acarretou numa demanda de tempo considerável. Além disso, pediram ao E-A que representasse a pessoa que ligava a máquina. Por fim, satisfeitos com o resultado, mostraram-nos sua criação.

Entretanto, salientei que faltava algo importante para o seu funcionamento. Como não conseguiram perceber, disse-lhes que uma máquina desse tipo precisa ser ligada à corrente elétrica. Rapidamente, criaram um fio e ligaram-no à tomada. Finalmente, conseguiram fazer com que a máquina funcionasse em sincronia.

Nos *Comentários*, alguns identificaram, durante o jogo, a representação de suas dificuldades no papel profissional, ou seja, repetidamente insistiam em trabalhar em grupo, percebendo que os resultados não eram satisfatórios.

Outros participantes entusiasmaram-se com os resultados obtidos no jogo, alegando que no momento em que o Diretor retirou o verbal, a comunicação entre eles melhorou. Admitiram sua prolixidade e a competição surgia em função disso, isto é, quem falava mais geralmente vencia pelo cansaço.

No *Processamento*, evidenciamos o objetivo do jogo, isto é, o envolvimento da percepção, o nível de comunicação e o trabalho em equipe. Além disso, todos os envolvidos foram peças fundamentais no funcionamento da máquina. A necessidade de haver um encadeamento entre eles, de forma coesa e adequada, é que permitiu a construção de uma verdadeira equipe.

As pessoas demonstraram, nesse momento, o nível de envolvimento no trabalho através da necessidade em discutirem sobre o ocorrido.

Em decorrência desses resultados, restava-nos consolidar a integração grupal, visando promover uma possível identidade entre eles.

12. Jogo do Círculo

Após as instruções, o grupo propôs que fosse retirada a comunicação verbal. Fizeram inúmeras tentativas em vão. Inseri a consigna de que se utilizassem da verbalização. Para nossa surpresa, o grupo se comunicava adequadamente, sendo que um dos gerentes conseguiu encontrar a solução e todos o seguiram. No final, aplaudiram-se.

Nos *Comentários*, fizeram questão de confirmar o amadurecimento do grupo, afirmando que os resultados do trabalho estavam sendo obtidos no dia-a-dia deles, de modo produtivo.

No *Processamento*, reafirmamos a importância de rever constantemente as suas relações, considerando que cada profissional, com suas características próprias, era peça fundamental no processo grupal.

ANÁLISE

Este programa de *jogos dramáticos* teve por objetivo desenvolver a identidade grupal. Para isso, utilizamos, inicialmente, jogos de apresentação (*Jogo do Novelo*) e sensibilização (*Jogo do Andar*), possibilitando conhecer e avaliar a dinâmica do grupo. Em seguida, a aplicação do *Jogo dos Balões* serviu para identificar os conflitos existentes.

Até aqui os jogos estavam correlacionados à primeira fase da Matriz de Identidade. O resgate do lúdico e a produção de campo relaxado permitiu que prosseguíssemos com nosso trabalho, envolvendo jogos compatíveis à segunda fase.

Como afirmamos anteriormente, todo jogo dramático é psicodiagnóstico. A aplicação do Jogo *Percepção de Si Mesmo e do Outro* permitiu avaliarmos o nível de percepção e o aprofundamento sobre a temática através da utilização do *Jogo das Atividades Complementares*. Neste, a introdução de papéis sociais em primeira instância facilitou a avaliação e o desempenho dos participantes, pois são papéis que não estão diretamente ligados aos conflitos e propiciam a produção do campo relaxado. A partir daí, foi possível concentrar em seus papéis profissionais.

A montagem de um programa de Jogos Dramáticos pode ser modificada, *in loco*, de acordo com a necessidade emergente do grupo. Para isso, o Diretor deve conhecer jogos que permitam essa flexibilidade. A mudança do *Jogo da Mímica* para a aplicação de Subgrupos em Grupo teve esse objetivo.

Em função da dinâmica estabelecida pelo grupo, havia a necessidade em trabalhar as *relações em corredor*. O jogo aplicado permitiu evidenciar tal conflito, fazendo com que os participantes percebessem e modificassem sua estrutura real. A partir daí, resgatou-se a percepção télica, visto que a descoberta entre si foi destituída de carga transferencial.

Como afirmamos anteriormente, antes de trabalhar os papéis em conflito, iniciamos com os papéis sociais. Em seguida, aplicamos o *Jogo da Mímica*, ligado à terceira fase da Matriz, com o objetivo de trabalhar os vícios de comunicação.

No jogo *A Construção de uma Máquina*, além de avaliar a sensopercepção e a comunicação, dirigimos nosso enfoque para o trabalho em equipe, evidenciando a importância do entrosamento entre eles. Isso foi obtido com êxito, visto que o grupo já tinha condições de tal elaboração. Em seguida, aplicamos o *Jogo do Círculo*, especificando e desenvolvendo a identidade grupal.

A partir desse trabalho, pudemos acompanhar, à distância, a evolução do grupo. Os conflitos foram transpostos com maior facilidade e as relações se tornaram mais saudáveis, permitindo uma liberdade de expressão e democracia entre eles, obtendo resultados positivos em seu desenvolvimento profissional.

Eugênio Garrido Martín cita que, *"sabendo-se como o grupo adoece, deduz-se que a cura e a terapia devem-se dirigir no sentido de conseguir que seus membros se associem livremente, de evitar a transferência favorecendo a relação télica e procurando que o indivíduo se integre no grupo a que pertence"*.[1] Enfim, frente a esses resultados, pudemos resgatar a saúde desse grupo, nas inter e intra-relações.

Podemos notar que alguns jogos aplicados neste programa estão apresentados de forma diferente da descrita no livro, pois foram adaptados de acordo com a necessidade do Diretor. É essa flexibilidade, aliada a um embasamento teórico, que permite tais mudanças.

O Diretor, portanto, não deve classificar os jogos cristalizando-os de modo rígido em sua aplicação, visto que depende das características e conflitos existentes num grupo.

II — Programa adaptado à Escola

EXEMPLO 1

Este programa foi destinado a alunos da Faculdade de Psicologia, na disciplina *Psicologia Social 1*, sendo montado juntamente com o docente do respectivo módulo. *A priori*, sua aplicação depende nãosomente do conhecimento e da habilidade do docente, assim como

---

1. MARTÍN, E. G. *Psicologia do encontro*. São Paulo, Duas Cidades, 1984, p. 240.

da aceitação da Instituição. Antes de montar um programa de aula, faz-se necessário ter o conhecimento prévio do conteúdo. Na ocasião o docente apresentou-o em tópicos, na seguinte ordem:
1. O indivíduo no meio social
2. Percepção social
3. Linguagem e Comunicação
4. Motivação Social
5. Atitudes/Mudanças de atitude
6. O conceito de pensamento básico sobre grupo
7. Papéis sociais
8. Liderança

Após discussão sobre o conteúdo, sugeri uma mudança na ordem dos tópicos, como segue:
1. Papéis sociais
2. O indivíduo no meio social
3. Motivação social
4. Percepção social
5. Linguagem e Comunicação
6. Atitudes/Mudanças de atitudes
7. O conceito de pensamento básico sobre grupo/Liderança

Esta modificação está associada aos princípios da Matriz de Identidade e à metodologia psicodramática, onde se considera o universo cognitivo e afetivo dos alunos, proposto por Maria Alicia Romaña.[2]

1. Papéis Sociais

O docente, ao iniciar o tópico, deve instigar os alunos a refletir sobre o conceito de *papel*. Em seguida, o de *papel social*. Na seqüência, pode-se aplicar o jogo *Subgrupos em grupo*, adaptando-o à sua necessidade.

Por exemplo, após a formação de dois subgrupos (fumantes *versus* não-fumantes, casados *versus* solteiros etc.), pode-se solicitar a montagem de três grupos: a) dividir por faixa etária: alunos com até 19 anos *versus* de 20 a 29 anos *versus* acima de 30 anos;

b) dividir por atividade profissional: alunos que não trabalham *versus* que trabalham (não ligado à Psicologia) *versus* que trabalham na área;

c) dividir por afinidades de áreas: clínica *versus* organizacional *versus* escolar.

---

2. ROMAÑA, M. A. *Psicodrama pedagógico*. Campinas, Papirus, 2ª ed., 1987.

Processamento: identificação dos papéis sociais através da representação, forma de agrupamento social e definição de papel social por parte do corpo discente. O docente apenas complementa o conceito.

2. O indivíduo no meio social

A ÁGUIA QUE (QUASE) VIROU GALINHA

Rubem Alves

> *"O tempo está chegando quando o homem não mais lançará a flecha do seu desejo para além de si mesmo e a corda do seu arco se esquecerá de como vibrar... O tempo está chegando, quando o homem não mais dará à luz de uma estrela. O tempo do mais desprezível dos homens..."* (Nietzsche)

> *"O tempo está chegando quando todas as águias se transformarão em galinhas."*

A idéia desta estória não é minha. Meu é só o jeito de contar... Sobre uma águia que foi criada num galinheiro.

E foi aprendendo sobre o jeito galináceo de ser, de pensar, de ciscar a terra, de comer milho, de dormir em poleiros...

E na medida em que aprendia, ia esquecendo as poucas lembranças que lhe restavam do passado. É sempre assim: todo aprendizado exige um esquecimento... E ela desaprendeu

o cume das montanhas,
os vôos nas nuvens,
o frio das alturas,
a vista se perdendo no horizonte,
o delicioso sentimento de dignidade e liberdade...

Como não havia ninguém que lhe falasse destas coisas, e todas as galinhas cacarejassem os mesmos catecismos, ela acabou por acreditar que ela não passava de uma galinha com perturbação hormonal, tudo grande demais, aquele bico curvo, sinal certo de acromegalia, e desejava muito que o seu cocô tivesse o mesmo cheiro certo do cocô das galinhas...

Um dia apareceu por lá um homem que vivera nas montanhas e vira o vôo orgulhoso das águias.

"Que é que você faz aqui?", ele perguntou.

"Este é o meu lugar", ela respondeu. "Todo mundo sabe que galinhas vivem em galinheiros, comem milho, ciscam o chão, botam ovos e finalmente viram canja: nada se perde, utilidade total..."

"Mas você não é galinha", ele disse. "É uma águia."
"De jeito nenhum. Águia voa alto. Eu nem sequer voar sei. Pra dizer a verdade, nem quero. A altura me dá vertigens. É mais seguro ir andando, passo a passo..."

E não houve argumento que mudasse a cabeça da águia esquecida. Até que o homem, não agüentando mais ver aquela coisa triste, uma águia transformada em galinha, agarrou a águia à força, e a levou até o alto de uma montanha.

A pobre águia começou a cacarejar de terror, mas o homem não teve compaixão; jogou-a no vazio do abismo. Foi então que o pavor, misturado a memórias que ainda moravam em seu corpo, fez as asas baterem, a princípio em pânico, mas pouco a pouco com tranqüila dignidade, até se abrirem confiantes, reconhecendo aquele espaço imenso que lhe fora roubado. E ela finalmente compreendeu que o seu nome não era galinha, mas águia...

Propor a leitura e discussão do texto em subgrupos. Posteriormente, solicitar que cada subgrupo monte uma dramatização do que compreendeu. Em seguida os *Comentários*. O docente efetua o *Processamento*, com uma referência à construção deles, ou seja, vivencia-se o papel para, posteriormente, compreender como é a formação do ser social e como nos tornamos sociais. Além disso, o texto revela características de nossas conservas culturais, gerando uma mobilização nos alunos para uma reflexão.

3. Motivação Social

Apresentação de um *jogo dramático*, como vem a seguir:

O grupo caminha pela sala, sem verbalização. Só é permitido o contato visual. Após um determinado tempo, solicitar o que têm para "doar" de positivo, nesse momento. Cada aluno deverá demonstrar através de um gesto qualquer. Caminhando e demonstrando (...).

Depois, devem observar um ao outro e aproximar-se daquele com quem se identifica, com o que é compatível ao seu, formando assim subgrupos. *Nota: Não há número certo de subgrupos ou quantidade de pessoas.*

Cada subgrupo discute e cria uma única imagem para transmitir aos outros. Após a apresentação, seguem-se os Comentários, explorando como foi o jogo para cada um. O que o fez aproximar-se do outro? Como foi a discussão e a criação da imagem?

Processamento: inserção de conceitos de afiliação e realização.

4. Percepção Social

Segue-se o mesmo princípio de Papéis Sociais. O que é percepção? O que é percepção social?

Jogo: **Jogo do piu-piu:** — Consigna: cabelos.

Durante o jogo, deve-se perguntar se o(a) aluno(a) tem *piu-piu*. Após a primeira rodada, o Diretor pode auxiliar nas respostas, correlacionando, de forma indireta, como é o *piu-piu* de cada um com os cabelos (tamanho, forma, cor etc.). Por exemplo: se uma aluna tem cabelos compridos, pode-se afirmar que o seu *piu-piu* é longo.

Comentários: Verificar o tipo de comentários feitos pelos alunos.

Em seguida, pode-se aplicar o jogo: O Julgamento, para depois, processá-lo juntamente com o jogo do Piu-Piu.

Jogo: **O julgamento**
Comentários

Processamento: Avaliar o nível de percepção, crenças, juízos e estereótipos ligados ao tópico: Percepção Social, correlacionando com os dois *Jogos Dramáticos* apresentados.

5. Linguagem e Comunicação

(Que tipo de comunicação utilizamos? Como é a nossa linguagem?)

Jogo: **Jogo da mímica** (Telefone sem fio)
Comentários

Jogo: **Diálogo geométrico**
Comentários

Processamento: nível de percepção e comunicação, enfatizando os tipos diferenciados, a transmissão, a recepção e compreensão.

6. Atitudes/Mudanças de atitudes

(O que são atitudes? Como e por quê alterá-las?)

Jogo: **O corpo de Gaya**
Comentários

Processamento: explorar o nível de espontaneidade e criatividade de cada aluno, avaliar os tipos de atitudes e suas mudanças, correlacionando com o tópico.

7. O conceito de pensamento básico sobre Grupo/Liderança

(O que é grupo? Que tipos de configuração existem? Como se formam?)

Jogo: **Criação coletiva**
Comentários
Processamento: avaliar o nível de integração e percepção télica dos alunos, importância das diferenças individuais no grupo, desenvolvimento e formação de uma identidade grupal e tipos de liderança. Na montagem deste programa adaptaram-se *Jogos Dramáticos*, respeitando-se as fases da Matriz de Identidade, isto é, partiu-se da premissa de que o grupo de alunos estaria na primeira fase, evoluindo no decorrer do módulo até a terceira fase.

EXEMPLO 2

Este programa foi desenvolvido para o Instituto Ludo-Pedagógico, na Rua Timburibá, 95 — Saúde — SP, que se propõe a aprimorar a aprendizagem dos alunos através de um trabalho psicopedagógico em acompanhamento escolar. Tal conduta valoriza o aspecto cognitivo e afetivo, pois trabalha individualmente e em grupo, respeitando o grau de dificuldade de cada um.

Antes de iniciar o trabalho os alunos passam por uma avaliação da psicopedagoga e são preparados para a inserção em um grupo, quando necessário.

O objetivo deste programa foi auxiliar alunos da 6ª série do 1º grau, advindos de escolas particulares, que apresentavam dificuldades em identificar as *classes gramaticais* em *análises sintáticas*, na disciplina Português, utilizando-se de *Jogos Dramáticos*.

1. Apresentação do professor (Diretor) e dos alunos

Jogo dos Bichos (ver regras no Capítulo 4 — item II): objetivando a apresentação de todos, inclusive do professor, de modo informal. Em seguida, aplica-se o mesmo jogo, modificando a consigna para *Classes Gramaticais*.

2. Jogo das Classes Gramaticais

Verifica-se, inicialmente, se os alunos sabem quais são as *classes gramaticais*. Os que souberem, escolhem uma delas (são dez ao todo: substantivo, adjetivo, artigo, pronome, numeral, verbo, advérbio, preposição, conjunção e interjeição). Os que não souberem são auxiliados pelo professor. Aplica-se o jogo, seguindo-se o mesmo procedimento do *Jogo dos Bichos*.

Este jogo visa reforçar de forma lúdica e divertida o conhecimento das *classes gramaticais*, enfatizando a sua importância, visto que é a estrutura básica para a introdução das *funções sintáticas*.

3. Jogo das frases e classificação

O professor deve preparar frases que contenham todas as *classes gramaticais*. Cada palavra dessas frases deve ser escrita, separadamente, em papel cartão, conforme o exemplo abaixo:

— Ei?! / Você / provou / o / novo / sorvete / da / KIGELADO?

— Sim, / mamãe / comprou / dois, / pois / ela / trabalha / no / supermercado.

Em seguida, prepara-se um segundo grupo de cartões, contendo a classe gramatical correspondente a cada palavra: interjeição / pronome de tratamento / verbo / artigo / adjetivo / substantivo / locução adjetiva / advérbio de afirmação / substantivo / verbo / numeral / conjunção / pronome pessoal / verbo / contração / substantivo.

Solicita-se ao grupo de alunos que sentem-se formando um círculo. O primeiro grupo de cartões é entregue para que tentem formar as duas frases corretamente. Observa-se quais os critérios utilizados para atingirem a proposta.

Nessa etapa, o professor (Diretor) pode avaliar o grau de conhecimento dos alunos. Aspectos como integração, observação, atenção, percepção e capacidade de análise e síntese podem ser averiguados.

Nos *Comentários*, pode-se perceber as dificuldades encontradas e a forma utilizada para a construção das frases. Por exemplo: observação de verbos, substantivos, pontuação e letras maiúsculas.

Feito isso, o grupo de cartões contendo as classes gramaticais e entregue. O grupo deverá correlacionar cada palavra com a sua classificação. Após os *Comentários,* segue-se o *Processamento Teórico*, que tem como finalidade reforçar tais conceitos.

O professor pode preparar várias frases, antecipadamente, e repetir o mesmo procedimento até que os alunos tenham conseguido assimilar a matéria.

A utilização de *Jogos Dramáticos* em salas de aula é enriquecedor, principalmente, se aliado à metodologia psicodramática,[3] pois

---

3. Para maior embasamento teórico, sugerimos a leitura dos livros de Maria Alicia Romaña (Ref.: 21 e 22).

oferece ao corpo discente a possibilidade de aprender e apreender os conceitos, vivencialmente. Entretanto, isso não impede a utilização de outros recursos didáticos. Aqui, os *Jogos Dramáticos* apresentam características que, após os Comentários dos alunos, são processadas com a complementação dos conceitos propostos pelo docente. Por isso, este deve ter conhecimento dos jogos que aplica, adaptando-os à sua necessidade e aos seus objetivos.

Deve considerar, ainda, a criação de um contexto dramático dentro da sala de aula, ou seja, o espaço para se vivenciar o jogo. Em alguns jogos trabalha-se com dois contextos: grupal e dramático. No contexto dramático, os alunos têm a participação efetiva, enquanto protagonistas. No contexto grupal, os alunos compõem o auditório, participando nos Comentários.

Podemos, portanto, utilizar *Jogos Dramáticos* em qualquer grupo de alunos e disciplinas, de qualquer grau de escolaridade.

6
JOGOS DRAMÁTICOS APLICADOS À CLÍNICA

Os *Jogos Dramáticos* mencionados neste livro podem ser também aplicados à área Clínica, desde que adaptados à sua realidade. Neste caso, o enfoque terapêutico modifica a sua utilização, visto que o jogo, através da identificação de conflitos, permite extrair e aprofundar conteúdos de ordem pessoal (núcleos intrapsíquicos) em um processo terapêutico, ou seja, *"propõe o abandono da lógica formal e um adentrar na lógica da fantasia, resgatando, freqüentemente, conteúdos inconscientes que, de outra forma, dificilmente seriam percebidos"*.[1]

Existem autores que abordam o uso de jogos nas mais diferentes formas de aplicação em psicoterapia psicodramática: atendimento individual, casal, família etc.

Aqui, evidencio a utilização de *Jogos Dramáticos* em psicoterapia de grupo, passando a relatar algumas experiências em consultório particular.

EXEMPLO 1

Num grupo de sete participantes, iniciamos com o aquecimento inespecífico, onde P., J., M. e C. queixaram-se do dia extenuante de trabalho. Estavam tensos e cansados. A., MA e Lu compartilharam do mesmo cansaço dos colegas do grupo. Lu, que geralmente é falante, mostrou-se indisposta, alegando irritabilidade.

---

1. CUKIER, R. *Psicodrama Bipessoal*. São Paulo, Ágora, 1992, p. 74.

Propus, então, o *Jogo do Andar* com o objetivo de produzir, *a priori*, um relaxamento físico em todos. Inicialmente, solicitei que caminhassem pela sala e concentrassem a atenção em seu próprio corpo, tentando localizar os pontos de tensão. Cada um, a seu tempo, tentaria relaxá-los, respirando mais profunda e lentamente e, ao mesmo tempo, diminuiria o ritmo do andar. A partir daí, de acordo com as consignas, cada um tentaria experimentar formas diferentes de andar: com os pés voltados para fora, para dentro, com a ponta dos dedos, com os calcanhares, para trás etc.

Na seqüência, foi solicitado ao grupo que andasse, modificando a postura física, de acordo com as consignas: como formiga, pato, galinha, cachorro, macaco e, finalmente, como ser humano. Neste momento, incluíram-se algumas variações, do tipo: pular, correr, saltar e marchar, alternando ritmos variados.

Após o jogo passamos para os Comentários. *P., M.* e *C.* compartilharam da mesma sensação, ou seja, a indisposição inicial deu lugar a uma sensação de leveza. *J., A.* e *MA* sentiram-se relaxados. *Lu* também gostou da experiência e o "marchar" fez com que se lembrasse de um militar, reportando-se à relação com a figura paterna, pois havia discutido com ele e ainda estava abalada por isso. Comentou que sentia-se desvalorizada e incapaz de reagir frente a ele, pois tinha medo de magoá-lo.

A partir daí, desenvolveu-se a sessão, tendo *Lu* como protagonista, trabalhando sua relação com o pai.

O Jogo Dramático, neste caso, serviu como aquecimento para que surgisse a protagonista da sessão.

EXEMPLO 2

Um outro grupo, com seis participantes, entrou na sala, sentou-se e notei que havia uma certa resistência para falar. Ao serem questionados, *JA* respondeu: "O trânsito hoje está péssimo, pensei que não ia chegar a tempo". *PA*: "É... realmente o trânsito estava muito ruim". *ML*: "Quase não dava para vir hoje, pois meu chefe pediu para resolver uns problemas". *EG*: "Eu também! Tive problemas com o trabalho".

Achamos conveniente a aplicação de um *Jogo Dramático*, a fim de verificar se existia algum modo de "quebrar" essa resistência que, aparentemente, predominava no grupo.

Solicitamos, então, que se formasse um círculo, com os elementos do grupo voltados para dentro e que fechassem os olhos. A partir daí, cada um diria: "Eu estou falando sobre ... para não falar que ...".

Após algumas rodadas, *JA* disse: "Eu estou falando de tudo que não me interessa, para não falar que estou muito triste hoje".

Visivelmente emocionado, começou a narrar sua relação com o filho, mostrando-nos sua dificuldade em lidar com perda, visto que ele havia sido submetido a uma delicada cirurgia, correndo risco de vida.

A seguir, iniciou-se um trabalho psicodramático com o protagonista. Todos, anteriormente, concordaram que ele já havia se emocionado muito no decorrer do jogo, mobilizando os demais, sendo, portanto, uma escolha grupal.

Nessa sessão, de acordo com o material trazido, pudemos criar um *Jogo Dramático* que pudesse "quebrar" resistências.

EXEMPLO 3

Após o aquecimento inespecífico, propusemos ao grupo o Jogo do Renascimento (da borboleta à crisálida), pois a sessão anterior havia sido densa e pesada. Este jogo tinha por objetivo verificar que material poderia ser trazido pelo grupo, visto que os participantes estavam mais fechados e reflexivos.

Ao término do jogo, *MO* começou a chorar, lembrando-se do próprio nascimento. Relatou-nos que foi prematura e sempre ouviu dos familiares que era um bebê muito pequeno, com pouco peso e feio e teve muito trabalho para nascer.

Ouvimos com atenção e percebemos que o grupo estava totalmente consternado e emocionado com a narrativa.

Nesse momento, nos lembramos do Jogo da Bola, em que as pessoas formam, com o próprio corpo, uma bola, e cada participante pode se soltar, avaliando o nível de confiança e segurança. Neste caso, o jogo foi adaptado à necessidade da Protagonista.

Pedimos que *MO* ficasse no centro da sala e que o grupo formasse uma bola grande, utilizando o próprio corpo, à sua volta. A partir daí, fomos introduzindo consignas: Esta bola é aconchegante, gostosa, sem apertos ou pressões. É uma bola mágica, pois pode embalar, transmitir calor, afeto, apresentando uma textura agradável e exalando um perfume gostoso. Introduzimos uma música instrumental, estilo *new age*, nesse momento.

Ela poderia ficar dentro da "bola" até quando quisesse, desfrutando à vontade, sem pressa, já que era um lugar satisfatório, podendo movimentar-se, espreguiçar-se à vontade.

Em determinado momento, avisamos que havia uma saída e, na hora em que quisesse, poderia sair, sendo que as pessoas que formavam a bola iriam ajudá-la nesse processo.

Após a exploração da "bola" e de si mesma, disse-nos que estava pronta para sair. Iniciou o processo, tendo uma intensa colaboração do grupo, que fez esta etapa se realizar de forma tranqüila e afetiva.

Passamos então aos Comentários, onde *MO*, com uma aparência plácida, comentou que foi muito bom o jogo, pois recebeu muito afeto do grupo e pela primeira vez percebeu que não se cobrava ou se desvalorizava. O grupo compartilhou esse momento, trazendo também lembranças relacionadas ao próprio nascimento. As mulheres relembraram o parto de seus filhos.

O Jogo da Bola teve por objetivo propiciar um nascimento feliz, sem reproduzir o parto real dela, ou seja, a possibilidade de renascer e resgatar sua auto-estima. Neste exemplo, utilizamos dois *Jogos Dramáticos* durante a sessão. Um para o aquecimento e localização de conteúdo protagônico, e o outro, específico para trabalhar o conflito emergente.

Conforme cita Wilson C. de Almeida, a estrutura de um grupo em psicoterapia é diferente de um grupo social, visto que o seu objetivo baseia-se no princípio da espontaneidade e da interação terapêutica. Afirma ainda que o processo terapêutico envolve quatro momentos e indica *"o uso do lúdico para redução das tensões, possibilitando o afloramento do 'inconsciente comum ou coletivo grupal'* ".[2]

Como podemos observar, a utilização de Jogos na área clínica depende da habilidade do Diretor em adaptá-los ou criá-los de acordo com os conflitos. Nesse caso, difere de outras áreas, pois há a possibilidade em trabalhar as emoções de modo profundo, contextuando o processo terapêutico. Lembramos que os *Jogos Dramáticos* permitem essa direção somente nessa área.

---

2. ALMEIDA, W. C. *Psicoterapia Aberta*. São Paulo, Ágora, 1982, pp. 87-88.

EPÍLOGO

Há muitas "leituras e conceituações" acerca de jogos, sejam elas amplas ou restritas, objetivas ou subjetivas. Não cabe aqui um modelo ideal da utilização de jogos mas, sim, uma pequena contribuição e sistematização de um recurso tão rico e com pouca referência literária.

Minha visão de trabalho é norteada pela Matriz de Identidade, de J. L. Moreno, onde procuro seguir suas fases, em qualquer situação que evidencie o trabalho com grupos. Nesse sentido, em meu decurso profissional percebi que o uso de *Jogos Dramáticos* aliado a essa fundamentação teórica tornava possível a montagem de quaisquer programas, assim como a instrumentalização e a objetividade necessárias, principalmente em Empresas e Escolas.

Escrever sobre jogos é uma tarefa árdua, pois não se trata de uma simplificação classificatória. Acima de tudo, trabalhar com jogos requer uma postura, um modo de vida, uma libertação de nossas amarras.

A necessidade de aperfeiçoamento depende de cada profissional. Quanto maior a compreensão da teoria psicodramática, melhor a formação do papel de Diretor, assim como o exercício da prática constante. É aprender, acima de tudo, a "ler" psicodramaticamente.

Ao chegar no final deste livro, tenho apenas a certeza de que minha proposta inicial se mantém, isto é, a vontade de compartilhar com aqueles que acreditam no lúdico, na transformação e na criação.

É, portanto, o momento de transformação, de compartilhar e viver o *jogo dramático*, remodelando e criando a liberdade do Homem. E isso depende somente de nós.

ÍNDICE E CLASSIFICAÇÃO DE JOGOS DRAMÁTICOS

LEGENDA:

1. Apresentação
2. Aquecimento
3. Relaxamento / Interiorização
4. Sensibilização (*1.ª fase*)
5. Percepção de Si
6. Percepção do Outro / Espelho
7. Pré-Inversão (*2.ª fase*)
8. Personagens / Papéis
9. Inversão de Papéis
10. Identidade Grupal / Encontro (*3.ª fase*)

Nº	JOGO DRAMÁTICO	1	2	3	4	5	6	7	8	9	10
01	Frutas	▓	▓								
02	Um Bicho	▓	▓								
03	Um Carro, Uma Flor, Um Instrumento Musical	▓	▓								
04	Qualidades e Manias	▓	▓								
05	Objeto Especial	▓	▓								
06	Jogo do Contorno	▓	▓								
07	Exposição de Arte	▓	▓								
08	Apresentação em Duplas	▓	▓								
09	Jogo do Novelo	▓	▓								
10	Jogo dos Bichos	▓	▓								
11	Pássaros no Ar		▓								
12	Personagens Célebres		▓								
13	Lá Vai...		▓								
14	A Chuva		▓		▓						
15	Percepção de Objetos		▓								
16	Descoberta de Si Mesmo			▓	▓						
17	Flexão e Extensão (Relaxamento Indutivo)			▓	▓						
18	Viagem a um Bosque			▓	▓						
19	Renascimento			▓	▓						
20	Renascer			▓	▓						

Nº	JOGO DRAMÁTICO	1	2	3	4	5	6	7	8	9	10
21	Bola no Painel			▓							
22	Bola Imaginária		▓		▓						
23	Dança das Dobradiças		▓	▓							
24	Jogo do Andar		▓	▓							
25	Criação Coletiva de uma Máscara	▓				▓	▓				
26	Jogo das Palmas		▓			▓	▓				
27	Escravos de Jó				▓	▓	▓				
28	Partes do Corpo		▓			▓	▓				
29	Passa e Repassa		▓			▓	▓				
30	Jogo das Almofadas		▓			▓	▓				
31	Escultura	▓	▓			▓	▓				
32	Siga o Chefe		▓			▓	▓	▓			
33	Jogo do Tibitá		▓			▓	▓	▓			
34	Piscada Fatal		▓			▓	▓	▓			
35	Ritmos e Bolas		▓			▓	▓	▓			
36	Perguntas e Respostas Trocadas		▓			▓	▓	▓			
37	Piu-Piu		▓			▓	▓	▓			
38	Adivinhação dos Bichos		▓			▓	▓	▓			
39	Telefone sem Fio		▓			▓	▓	▓			
40	Esconde-Esconde		▓			▓	▓	▓			

Nº	JOGO DRAMÁTICO	1	2	3	4	5	6	7	8	9	10
41	Papel - Um Objeto Intermediário										
42	Jogo das Atividades Complementares										
43	Aponte o que Ouviu										
44	Apito Oculto										
45	Hipnose com as Mãos										
46	Hipnotismo										
47	Tic-tac Pof-pof										
48	O Embrulho										
49	Limite de Si Mesmo										
50	Sensibilização de um Cego										
51	Corrida em Câmera Lenta										
52	Dança de Costas										
53	Cabo de Guerra										
54	Jogo da Mímica (Telefone sem Fio)										
55	Jogo do Equilíbrio										
56	Jogo da Caixinha										
57	Jogo das Canetas										
58	Percepção de Si e do Outro										
59	Alfândega										
60	Jogo da Tesoura										

Nº	JOGO DRAMÁTICO	1	2	3	4	5	6	7	8	9	10
61	Diálogo Geométrico					■	■	■			
62	Jogo da Berlinda					■	■	■			
63	Rótulo					■	■	■			
64	Bazar de Trocas					■	■	■			
65	Bazar das Emoções					■	■	■		■	
66	Jogo do Espelho				■					■	
67	Jogo da Confiança				■					■	
68	Dança com a Bola					■	■	■			■
69	Jogo dos Animais					■	■	■	■		
70	Automecânica		■			■	■	■	■		
71	Criação *versus* Destruição					■	■	■	■		
72	Gato e Rato		■			■	■	■	■		
73	Jogo dos Papéis Complementares		■			■	■	■	■		
74	Jogo de Marionetes					■	■	■	■		
75	O Julgamento					■	■	■	■		
76	Escultor *versus* Escultura					■	■	■	■		
77	O Construtor Cego				■	■	■	■	■		
78	O Carro e o Motorista				■	■	■	■	■		
79	Cego *versus* Surdo-Mudo				■	■	■	■	■		
80	Guia do Cego				■	■	■	■	■	■	

Nº	JOGO DRAMÁTICO	1	2	3	4	5	6	7	8	9	10
81	Jogo das Profissões	X				X	X	X	X	X	
82	Jogo dos Balões	X			X	X	X	X		X	
83	A Orquestra	X				X	X	X			
84	Jogo do Naufrágio					X	X	X	X	X	X
85	Colagem Coletiva		X			X	X	X	X	X	X
86	Confronto					X	X	X			
87	Cabra-Cega					X	X	X	X	X	X
88	Jogo dos Lenços					X	X	X	X	X	X
89	O Caracol Humano					X	X	X	X	X	X
90	Sentar em Grupo					X	X	X	X	X	X
91	Cruzeiro Marítimo					X	X	X	X	X	X
92	Cenas do Cotidiano					X	X	X	X	X	X
93	O Corpo de Gaya					X	X	X	X	X	X
94	Qualidades de um Líder					X	X	X	X	X	X
95	Construção de uma Cidade	X	X			X	X	X	X	X	X
96	Jogo do Detetive	X	X			X	X	X	X	X	X
97	Construção de uma Máquina					X	X	X	X	X	X
98	Engrenagem					X	X	X	X	X	X
99	Jogo do Círculo		X			X	X	X	X	X	X
100	Subgrupos em Grupo		X			X	X	X	X	X	X

BIBLIOGRAFIA

1. ABERASTURY, A., *A criança e seus jogos*. Porto Alegre, Artes Médicas, 2ª ed., 1992.
2. ALMEIDA, W. C., *Psicoterapia aberta*. São Paulo, Ágora, 1982.
3. BALLY, G., *El juego como expressión de libertad*. México, Fondo de Cultura Economica, 2ª ed., 1964.
4. BOAL, A., *200 exercícios e jogos para o ator e o não-ator com vontade de dizer algo através do Teatro*. Rio de Janeiro, Civilização Brasileira, 5ª ed., 1983.
5. CASTANHO, G. P., *O jogo dramático na formação do psicodramatista*. Rio de Janeiro, Anais VII Congresso Brasileiro de Psicodrama, 1990.
6. CUKIER, R., *Psicodrama bipessoal*. São Paulo, Ágora, 1992.
7. FONSECA FILHO, J. S., *Psicodrama da loucura*. São Paulo, Ágora, 1980.
8. GONÇALVES, C. S.; WOLFF, J. R.; & ALMEIDA, W. C., *Lições de psicodrama*. São Paulo, Ágora, 1988.
9. HUIZINGA, J., *Homo Ludens — o jogo como elemento da cultura*. São Paulo, Perspectiva, 1971.
10. MARTÍN, E. G., MORENO J. L., *Psicologia do encontro*. São Paulo, Duas Cidades, 1984.
11. MAURIRAS-BOUSQUET, M., "Um oásis de felicidade". Artigo publicado em *O Correio da Unesco*, ano 19, nº 7, pp. 5-9, 1991.
12. MONTEIRO, R. F., *Jogos dramáticos*. São Paulo, Ágora, 1994.
13. _____, *Técnicas fundamentais do Psicodrama*. São Paulo, Brasiliense, 1993.
14. MORENO, J. L., *Fundamentos do psicodrama*. São Paulo, Summus Editorial, 1983.
15. _____, *Psicodrama*. São Paulo, Cultrix, 2ª ed., 1975.
16. _____, *Psicoterapia de grupo e psicodrama*. São Paulo, Mestre Jou, 1974.
17. _____, *O teatro da espontaneidade*. São Paulo, Summus Editorial, 1984.
18. MOTTA, J. M. C., *Jogos: repetição ou criação?*, São Paulo, Plexus, 1994.
19. RODRIGUES, R. A., "O jogo dramático e o contexto lúdico". Trabalho apresentado no IX Congresso Brasileiro de Psicodrama, Águas de São Pedro — SP, 1994.
20. ROJAS-BERMÚDEZ, J. G., *Introdução ao psicodrama*. São Paulo, Mestre Jou, 1970.
21. ROMAÑA, M. A., *Construção coletiva do conhecimento através do psicodrama*. Campinas, Papirus, 1992.
22. _____, *Psicodrama pedagógico*. Campinas, Papirus, 2ª ed., 1987.
23. SILVA Jr., A., *Jogos para terapia, treinamento e educação*. Curitiba, Imprensa Universitária, Pragmática da Comunicação Humana. Ed. Cultrix, São Paulo, 1981.
24. WATZLAWICK, P.; BEAVIN, J. H.; JACKSON, D. D., *Pragmática da comunicação humana*. São Paulo, Cultrix, 1981.
25. YOZO, R. Y. K., "A construção do papel de ego-auxiliar: um desafio à nossa criatividade como professor". Trabalho apresentado no IX Congresso Brasileiro de Psicodrama, Águas de São Pedro — SP, 1994.

www.gruposummus.com.br